Hanne Reinhardt

Wunderwerk Mensch

Engel des Lichts

Bitte fordern Sie unser kostenloses Verlagsverzeichnis an:

Smaragd Verlag
In der Steubach 1
57614 Woldert (Ww.)
Tel.: 02684.978808
Fax: 02684.978805
E-Mail: info@smaragd-verlag.de
www.smaragd-verlag.de

Oder besuchen Sie uns im Internet unter der obigen Adresse.

Deutsche Erstausgabe Juni 2007
Foto Cover: © Tracy Hebden - FOTOLIA
Umschlaggestaltung: preData
Satz: Heuchemer, Smaragd Verlag
Printed in Czech Republic
ISBN 978-3-938489-42-0

Hanne Reinhardt

Wunderwerk Mensch

Engel des Lichts

Smaragd Verlag

Über die Autorin

Hanne Reinhardt, Jahrgang 1955, geboren in Köln, verheiratet, Mutter eines Sohnes, wohnt heute, nachdem sie über zwanzig Jahre auf der Insel Langeoog gelebt hat, im beschaulichen Ostfriesland.
Dort arbeitet sie als spirituelle Lebensberaterin, gibt spirituelle Workshops und als REI KI Lehrerin der 8. Generation Usui auch REI KI Seminare. Zudem erstellt sie energetische Heilbilder,die sie als Medium empfängt, und in ihrer Freizeit wunderschöne Elfen- und Engelbilder.
Zusammen mit ihrem Mann ist sie Herausgeber des „Auricher Forums" – einer Art Rundbrief für spirituelle Menschen.

Inhaltsverzeichnis

Vorwort

In diesem Buch stelle ich meine rein persönlichen Überlegungen um das Wunderwerk Mensch und das Zusammenspiel mit der Geistigen Welt und ihren Gesetzen an.

Vieles von dem, was ich schreibe, wird manches Mal abenteuerlich anmuten.

Natürlich nehme ich für mich nicht in Anspruch, hier die absolute Wahrheit zu vertreten, ich kann nur von meiner eigenen Wahrheit sprechen. Zudem möchte ich keine Thesen aufstellen, sondern meine Gedanken mitteilen, die ich gerne allen Lichtarbeitern nahebringen möchte.

Wem das stellenweise zu utopisch erscheint, sollte dieses Buch als reine Unterhaltungslektüre sehen.

Wenn mein Werk dazu beiträgt, Diskussionen auszulösen, ist mein Ziel erreicht. Ich wünsche allen LeserInnen viel Spaß bei der Reise in meine Gedankenwelt.

Herzlichst
Hanne Reinhardt

Geheil(ig)tes Leben

Am Anfang war das Wort...

Mit diesen Worten wird in der Bibel die Schöpfungsgeschichte eingeläutet. Bleibt die Frage, wer am Anfang das Wort ergriffen hat. Mann oder Frau?

In Anbetracht dessen, dass Frauen viel redseliger als Männer sind, drängt sich mir die Frage zwangsläufig auf. Heißt es nicht bei Hermes: „Wie oben, so unten"?

Nein, jetzt aber mal ernsthaft.

Die Antwort auf das, **was** vor Millionen von Jahren das Wort ergriff, wird sich einem lebenden Menschen wahrscheinlich nie erschließen. Er kann, was das betrifft, nur Vermutungen anstellen. Und das tut die Menschheit schon, so lange sie besteht.

Egal, woran der Mensch letztendlich glaubt, in einem sind sich alle einig, selbst die überzeugtesten Atheisten, nämlich – dass es so etwas wie eine Kraft geben muss!

In unserer Welt heißt diese Kraft Gott, und er hat viele Vornamen... gemeint ist aber immer ein und dasselbe.

Die Quelle, aus der alles Leben entstanden ist.

Wobei mit Quelle der Ort gemeint ist, der sich scheinbar „außerhalb" unserer irdischen Existenz befindet. Für uns nicht sichtbar, aber dennoch vorhanden.

In all meinen inzwischen schon einigen Erdenjahren bin ich immer wieder darin bestätigt worden, dass es eine Existenz gibt, die wir als Menschen nicht bewusst wahrnehmen können. Viele glauben an die Existenz einer göttlichen Quelle, gesehen hat sie aber noch niemand.

Medial begabte Menschen sind nur deswegen medial, weil sie es verstehen, sich bewusst mit der Geistigen Welt zu verbinden. Aber auch diese Menschen kommen nicht mit dem Allerhöchsten selbst in Kontakt, sondern „nur" mit den „unteren" Rängen.

Sie können sich mit Verstorbenen, Engeln oder anderen Geistwesen verbinden. Sie alle sind Gehilfen Gottes und stehen uns auch als solche zur Verfügung.

Selbst wenn wir als „normaler" Mensch das Gefühl haben, vollkommen von der Quelle oder von der Geistigen Welt abgeschnitten zu sein, ist dem keineswegs so.

Jeder von uns hat in irgendeiner Form Kontakt zur Geistigen Welt. Selbst diejenigen, die dies vehement von sich weisen würden.

Zuallererst aber muss die Frage beantwortet werden: Was macht einen Menschen aus? Wir haben einen Körper, wir haben einen Geist, und wir haben eine Seele. Alles zusammengenommen ergibt das „Produkt" Mensch.

Könnte ein Mensch ohne eine Seele leben? Scheinbar ja, oder? Komapatienten auf den Intensivstationen dieser Welt beweisen dies doch, oder?

Kann ein Mensch ohne Geist leben? Er kann! Unsere psychiatrischen Kliniken sind doch voll mit Menschen, deren Geist sich verabschiedet hat. Nicht wahr?

Kann ein Mensch ohne Körper leben? Er kann! Allerdings nicht auf dieser Erde. Dazu muss ein Mensch die Erde verlassen, also nach unserer Auffassung sterben. Um zur Quelle zurückzukehren, braucht es keinen Körper. Dort ist unsere Form eine andere.

Wie kommt es nun aber, dass so viele Menschen Angst vor dem Tod haben? Wenn wir alle aus der Geistigen Welt kommen und nach unserem irdischen Ableben wieder in sie zurückkehren, warum haben wir dann Angst davor?

Liegt es daran, dass wir nicht wissen, was auf uns zukommt? Liegt es vielleicht daran, dass wir denken, wir wären vollkommen ausgelöscht und es gäbe uns nicht mehr? Oder könnte es auch daran liegen, dass wir, geprägt durch die Religion, schlicht und einfach Angst haben?

Die römisch-katholische Kirche zum Beispiel hat sicherlich Beachtliches dazu beigetragen, diese Angst zu schüren. Sie spricht von Fegefeuern, erinnert nur zu gerne immer wieder daran, dass man als armes Sünderlein in der Hölle schmoren wird und weiß auch davon zu berichten, wie es beim sogenannten Jüngsten Gericht zugehen wird. Dummerweise gibt es weder ein Fegefeuer noch eine Hölle, geschweige denn ein Jüngstes Gericht.

Wenn wir schon über die Hölle reden, dann darf man eher vermuten, dass die Hölle hier auf der Erde zu finden ist. Prima, werden jetzt vielleicht einige denken: Wenn mich keine Strafe für mein Tun erwartet, dann heißt das ja, ich kann machen, was ich will? Sicher! Jeder darf tun und lassen was er möchte, nur **muss er auch bereit sein, die irdischen und himmlischen Konsequenzen dafür zu tragen.** Und die warten unweigerlich auf ihn. Zwar werden wir im Jenseits vor kein Gericht gestellt, aber dennoch bleibt kein Leben unbewertet.

Zusammen mit unseren Seelengefährten und geistigen Lehrern reflektieren wir unser vergangenes Leben.

Und erst der Abstand und das Losgelöstsein von der Erde befähigen uns zu einer schonungslosen Sicht unseres Lebenswerks. Das kann sehr, sehr schmerzvoll sein. Wir sehen, was wir uns vorgenommen hatten, sehen aber auch, wie weit wir von unserem Vorhaben abgekommen sind. Wir selbst sind unsere strengsten Richter!

Verpasste Chancen, Situationen, in denen wir anderen wehgetan haben, erschüttern uns zutiefst.

Und wir fragen uns, wieso wir alles vergessen konnten, was wir uns vorgenommen hatten? Dies ist eine Frage, die mich persönlich lange beschäftigt hat.

Wieso befällt uns beim Eintritt in die irdische Welt diese Amnesie? Wäre es nicht viel einfacher, sein gesamtes Wissen noch zu haben und somit keine Fehler mehr machen zu können? Sicherlich!

Nur, was für einen Reiz hätte es dann noch, als Mensch zu inkarnieren? Denn genau darin liegt das Geheimnis des Menschseins.

Ohne eine bewusste Erinnerung an die geistigen Ursprünge lebt es sich bedeutend spannender. Würden wir all unsere Fähigkeiten mitnehmen, gäbe es für uns nichts mehr zu lernen und wir könnten keine Erfahrungen sammeln. Genau genommen könnten wir unter solchen Umständen gleich in der Geistigen Welt bleiben.

So, wie wir als Menschen gerne verreisen und uns neue Eindrücke verschaffen, hat auch die Seele den Wunsch nach Abwechslung. Man könnte sogar davon sprechen, dass das irdische Leben als Bildungsurlaub für Seelen erschaffen wurde.

Je weiter sie rumkommt, also je öfter sie inkarniert, umso besser und umso unfangreicher wird ihr Erfahrungsschatz.

Egal, für welche Art des Lebens wir uns entschieden haben, wir alle sind hier, weil wir es so wollten. Niemand zwingt uns dazu. Auch gehen unsere Erfahrungen, die wir in zig tausenden von Leben machen, nicht verloren. Unsere Seele hat alles abgespeichert, und ein Leben baut auf dem anderen auf.

Wie aber können wir uns die Struktur der Geistigen Welt vorstellen?

Wieder muss das Zitat von Hermes herhalten: „Wie oben, so unten". Angefangen von gerade geschaffenen Seelen, über alte Seelen, hin zu Aufgestiegenen Meistern, Engeln und Erzengeln, hinauf zur Quelle, ist eine klare Hierarchie zu erkennen. Nur mit dem Unterschied zur Erde, dass es keine Unterdrückung und auch keine Machtansprüche gibt.

Alle werden gleichwertig geschätzt und geliebt. Ein jeder nach seinem Wissensstand gefördert und unterstützt. Es ist ein warmherziges Miteinander, getragen von Liebe. Und auch wenn es dort eine Hierarchie zu geben scheint, so hat jeder vor jedem Respekt. Niemand ist schlechter oder besser.

So wie die Aufgestiegenen Meister schon sämtliche Erfahrungen, die ihre Seelen machen wollten, hinter sich gebracht und somit ihre Entwicklung vorangetrieben haben, weiß jede Seele, auch wenn sie noch so sehr am Anfang steht, dass sie zu ihrer Zeit ebenfalls in dieser Energie stehen wird. Und das macht den gegenseitigen Respekt aus. Niemand wird als I-Männchen verspottet, wenn er sich anschickt, in die Schule der Erfahrungen zu gehen.

Im Gegenteil.

Nach meinen Erfahrungen ist die größte Herausforderung, der sich eine Seele stellen kann, Mensch werden zu wollen.

Die Erde, so will mir manchmal scheinen, ist der grausamste Ort in unserem Universum. Hier muss ich der Fairness halber aber gestehen, dass auch mich eine Amnesie befallen hat und ich nicht mehr sagen kann, wie es sich an anderen Orten im Universum zugetragen hat. Wobei nicht die Erde selbst grausam ist, nein, es ist tatsächlich der Mensch, der sich zu Grausamkeiten hinreißen lässt.

Man fragt sich, wie eine Seele, die in ihrer reinsten Form ja Licht ist, in der Lage zu derartigen Entgleisungen wie Machthunger, Diktatur, Betrug, Unterdrückung, Quälerei, Gewalt, ja, selbst Mord fähig ist?

Dazu muss das Geheimnis des Menschseins verstanden werden.

☆☆☆☆☆

Der Menschwerdung auf der Spur

Eingangs stellte ich ja schon die Frage, ob ein Mensch ohne Geist und ohne Seele lebensfähig sei.

Er ist es, und er ist es wieder nicht.

Was uns oft als seelenlos vorkommt, sei es zum Beispiel bei den Komapatienten oder bei unseren sogenannten geistig Behinderten, ist keineswegs so zu sehen.

Vielmehr hat die Seele solche Menschen nur anteilmäßig verlassen. Das bedeutet, dass sich der größte Anteil von ihr im Jenseits aufhält und nur ein geringer Prozentsatz im Menschen verbleibt.

Somit haben wir die Erklärung, warum Komapatienten sehr wohl alles, was um sie herum geschieht, wahrnehmen. Darum eine Bitte an alle Pfleger, Krankenschwestern und Ärzte: Seid vorsichtig mit dem, was ihr in Gegenwart solcher Patienten sagt! Auch wenn für euch nichts darauf hinweist, dass so ein Mensch noch irgendetwas wahrnimmt, er tut es dennoch!

Das gleiche kann man von unseren geistig Behinderten sagen. Wer kennt sie nicht, die sogenannten lichten Momente? In solchen Momenten ist die Seele kurzfristig wieder vollständig im Körper, um sozusagen nach dem Rechten zu sehen.

Übrigens kann man über Alzheimer Patienten genau das Gleiche sagen. Ihre Seele hat sich ebenfalls zum größten Teil von ihrem Menschen verabschiedet, nur mit dem Unterschied zu den oben genannten Fällen, dass sie die Erfahrungen dieses Lebens schon mitgenommen hat.

Und das ist der Grund, warum Alzheimer Erkrankte sich in ihrer Welt nicht mehr zurechtfinden, niemanden mehr erkennen usw. Aber das nur nebenbei.

Am Anfang allen Lebens haben unsere sogenannten Vorfahren auf genau dieser Entwicklungsstufe gelebt. Sie waren nichts anderes als Körper mit wenig oder gar keinem Bewusstsein und mit einem äußerst geringen Anteil einer Seele. Es war allein der Geist, der diesen ersten Menschen das Leben einhauchte.

Fälschlicherweise nahm Darwin an, die Menschheit würde vom Affen abstammen. Das tut sie keineswegs. Zwar sind enorme Ähnlichkeiten zu verzeichnen, aber dennoch ist unsere Abstammungslinie nicht dem Affen zuzuordnen.

Ich möchte hier zum besseren Verständnis das Beispiel eines Experiments aufgreifen. Das Experiment besteht darin, eine Atmosphäre zu schaffen, in der es möglich sein könnte, als Lichtwesen Festigkeit zu erfahren, und zwar Festigkeit des Charakters wie auch Festigkeit in der Struktur.

War es möglich, losgelöst von der Geistigen Welt, ein vollkommen anderes Leben zu führen? Wie fühlt es sich wohl an, als feinstoffliche Seele in der Dichte zu sein? Wie ist es, sich nicht mehr frei durch Raum und Zeit bewegen zu können? Wie fühlt es sich an, seinen Energiehaushalt auffüllen zu müssen? Und wie geht man mit den anderen um, wenn sich das Vergessen über die Seele gelegt hat? Würde man sich daran erinnern, dass man ja alle kennt, und vor allem, würde man sich daran erinnern können, dass es die Geistige Welt gibt?

Alles Dinge, die in der Geistigen Welt selbstverständlich sind.

Und so wurde die Idee des Experiments **Menschwerdung** geboren. (Ich werde noch eine Weile bei dieser Sichtweise bleiben, da es einfacher ist, sie anzunehmen, werde aber, wie versprochen, zum späterem Zeitpunkt eine andere Geschichte zur Menschwerdung erzählen.) Dazu musste ein Lebensraum geschaffen werden, und so wurde Mutter Erde erschaffen.

So, wie es im alten Testament in der Schöpfungsgeschichte beschrieben wird, könnte man sich die Entstehung der Erde tatsächlich vorstellen.

Am Anfang war das Wort. Damit wird ausgedrückt, dass, wenn etwas entstehen soll, oder, besser gesagt, wenn man etwas manifestieren möchte, immer der Geist als Ursprung vorausgeht. Alle Dinge entstehen im Geist! Alle!

Wie sehr das zutrifft, sehen wir daran, dass wir immer erst eine Idee von etwas haben. Pflegen wir diese Idee im Geist, kann sie wachsen. Je mehr wir an dieser Idee festhalten, umso dichter wird sie. Bis sich ein sogenannter „Traum“ von uns verwirklicht hat. Viele unserer erfolgreichsten Mitmenschen hatten als Grundlage ihres Erfolgs einen „Traum“. Sie haben ihn nie aufgegeben, haben an ihn geglaubt, an ihm festgehalten, und darin liegt das Geheimnis der Schöpferkraft in jedem Menschen.

Genauso ist die Erde entstanden. Aus der Quelle wurde der Traum von Mutter Erde ausgesandt, und so war es möglich, sie tatsächlich Kraft des Geistes entstehen zu lassen.

Nachdem alle Bedingungen für ein Leben auf der Erde erfüllt waren, schickte man sich an, etwas zu erschaffen, in das die Seelen einziehen könnten. Und so war die Idee eines Gefäßes geboren.

Für die alten Griechen bedeutete das Wort „Persona" Maske, und genau dies ist die einzig richtige Bezeichnung für das Geheimnis Mensch. Wir sind maskierte Seelen. Und zwar dermaßen perfekt, dass wir nichts und niemanden mehr erkennen. Weder die Zusammenhänge zwischen der Geistigen Welt und uns, noch unsere (Seelen-) Gefährten. Unser Körper war also die Erschaffung einer vollendeten Maske.

Praktisch gesehen feiern wir hier Karneval.

Nur ist ein Leben selten so lustig...

Es würde hier zu weit führen, den menschlichen Körper anatomisch zu erklären. Da wir alle einen besitzen, wissen wir, dass er funktioniert.

Das wirklich Interessante am menschlichen Körper ist die Frage nach dem Sitz der Seele. Wo ist sie zu finden? Funktioniert der menschliche Körper auch ohne sie? Roboter besitzen keine Seele, aber dennoch funktionieren sie. Wir Menschen haben sie erschaffen, und weltweit wird fieberhaft daran gearbeitet, diesen Maschinen „Leben" einzuhauchen.

Wer weiß, ob dies nicht eines Tages gelingen wird? Kann doch sein, dass ein paar wenige Lichtwesen damit liebäugeln, sich in einer Blechbüchse zu erfahren? Wissen wir es?

Die Quelle jedenfalls unternahm zuerst einige Anläufe, um verschiedene Lebensformen auf die Erde zu bringen.

Nachdem ihr das in unzähligen Arten gelungen war, taten wir nichts anderes als unsere geistige Form immer mehr zu verdichten. Und so tauchte dann endlich, nach mehreren Versuchen, der erste Homo Sapiens auf.

Bis dahin hatte die Geistige Welt genügend experimentiert und Körper erschaffen, die ohne eine Beseelung, wie wir sie verstehen, lebensfähig waren. Tier- und Pflanzenseelen haben ein mit uns nicht vergleichbares Bewusstsein. Ihre Körper können also durchaus ein eigenständiges Leben führen.

Jede Zelle weiß von Anfang an, wozu sie heranwachsen soll. Und so weiß ein Salatkopf schon im Keim, was er einmal wird. Und zwar ohne dass es ihm bewusst ist. Auf gleiche Weise entstand das Wunderwerk Mensch. Eine geheimnisvolle Macht schuf quasi aus dem Nichts das Leben.

Wie sich die weitere Entwicklung des Menschen abgespielt hat, ist heute noch für jeden nachvollziehbar. Vom hilflosen Baby zum krabbelnden Kleinkind (also auf allen vieren bewegend), zum sich aufrappelnden und auf eigenen Füßen stehenden Menschen. Der Schlüssel zum Menschsein ist der aufrechte Gang. Wir sind buchstäblich dazu erhoben worden, etwas „Besseres“ als die anderen (Tiere) zu sein.

Es gab also unter den ersten Homoiden noch keine Beseelung. Denn bevor man dieses Wagnis einging, musste herausgefunden werden, ob der gedachte Körper die richtige Unterkunft für Seele sein kann.

Und so könnte man die ersten Menschen sehr wohl als tierisch bezeichnen. Sie verhielten sich wie die oben beschriebenen Affen. Sie lebten in den Tag hinein. Für die Quelle war nur wichtig zu sehen, ob die geschaffenen Körper auf der Erde zurechtkamen und ob sie in allen Funktionen so reagierten, wie sie sich dies vorstellte.

Und das tat er, der Körper. Er war scheinbar eine feste Materie, aber dennoch durchlässig genug, um die Verbindung mit der Quelle aufrechtzuerhalten. Und er war aus sich heraus lebensfähig. Die Entstehung des Menschen passt also auf wunderbare Weise zu der Polarität der Erde und spiegelt exakt die Zusammenhänge zwischen Himmel und Erde wider.

Einerseits ein fester, aber vergänglicher Körper, andererseits bewohnt von einer nicht sicht- und greifbaren unvergänglichen Seele. Man sieht sie nicht, man schmeckt sie nicht, man hört sie nicht, – und dennoch ist sie vorhanden.

Wo aber befindet sich die Seele? Ist sie überhaupt im Körper? Oder schwebt sie nur über ihm? Darf die Seele ihr gesamtes Potenzial einbringen, oder ist es nur ein Seelenanteil? All das sind Fragen, die nur sehr schwer, wenn überhaupt, zu beantworten sind.

Die meisten Menschen denken, dass der Sitz der Seele in ihren Herzen zu finden ist, was meiner Meinung nach nicht stimmen kann.

Unser Herz ist der Sitz der Liebe, und damit das Tor zu der universellen Liebe. Sicher ist hier auch ein Teil der Seele zu finden, aber es dürfte der geringste sein.

Menschen, die dieses Tor, aus welchen Gründen auch

immer, verschlossen haben, werden schwerlich in der Lage sein, Liebe zu erfahren, geschweige denn Liebe zu geben.

Würde die Seele ihren Hauptwohnsitz im Herzen haben, wäre sie bei den Menschen, die dieses Tor verschlossen hätten, quasi ein- oder ausgesperrt, je nachdem, wie man es sehen möchte. Oder, noch schlimmer, sie säße bei manchen Menschen direkt in einer sogenannten Mördergrube.

Nein, die Seele, die in ihrer reinsten Form göttlich, also die Liebe **ist**, kann nicht ihren Sitz im Herzen haben. Denn die Seele bewohnt einen menschlichen Körper nur, um quasi als Zuschauer im ersten Rang zu sitzen. Und je nach Bedarf spielt sie mit. Greift also in das menschliche Geschehen ein. Dazu aber später mehr.

Es ist eine freiwillig gewählte Symbiose zwischen Materie (Körper) und Geist. Die Seele wählt sich ihren zukünftigen Körper aus, und die Seele entscheidet, wie lange sie sich in diesem interaktiven Kino (Menschen) aufhalten will.

Nacht für Nacht löst sie sich aus dem menschlichen Körper und lässt dabei nur einen kleinen Anteil von sich im Körper zurück. Dieser Anteil ist die (Rück-) Verbindung zwischen ihr und dem Menschen. Nun kann sie, während der Mensch schläft, in ihre Heimat zurückkehren. Der Mensch bleibt zurück, wir sehen ihn schlafen.

Nimmt eine Seele einmal all ihre Anteile mit, dann ist der Mensch tot. Aber sogar dieser Vorgang findet in Absprache mit dem menschlichen Körper statt. Wir erinnern uns, der menschliche Körper hat ein eigenes Bewusstsein!

Und das erklärt, warum es die klinisch Toten gibt. Oft ist es nur eine Frage der Zeit, wann der Körper sich entschließt aufzugeben. Für den Körper kommt zum Beispiel ein tödlicher Unfall manchmal einfach zu überraschend. Die Seele hat ihn sicherlich darauf vorbereitet, ...aber dennoch brauchen manche Körper einfach länger, um sich damit abzufinden. Während die Seele ihr irdisches Zuhause schon längst verlassen hat, kämpft so mancher Körper noch um sein Leben.

Aber es gibt, wie immer, Ausnahmen.

Da jede Seele ihren eigenen freien Willen hat, kommt es vor, dass sie in den Körper eines klinisch Toten zurückkehrt. Auf dem Weg zurück in ihre Heimat begegnet sie nicht nur ihrer geistigen Familie, sondern auch ihrem Mentor oder, wie man hier sagen würde, Geistführer. Wenn dieser Ausstieg zwar in den Lebensplan hineingeschrieben war, es aber noch mehrere Chancen dazu gibt, dann erinnert der Geistführer daran und fragt die Seele, ob sie wirklich bereit ist, dieses Leben aufzugeben. Und an diesem Punkt entscheiden sich einige Seelen für ihre Rückkehr. Frei nach dem Motto: Es wäre ja zu schön gewesen, zu Hause zu bleiben, aber du hast Recht. Ich kann und habe ja noch einiges tun... Das sind dann die sogenannten Wunder. Der klinisch schon Totgesagte erwacht zu neuem Leben.

Viele Seelen verbringen die Zeit, in der der Mensch schläft, bei ihren himmlischen Freunden. Sei es, um über ihre Erfahrungen zu berichten, sich Ratschläge zu holen, Kontakte aufrechtzuerhalten, sei es, um sich wieder aufzutanken oder neue Kräfte zu sammeln.

Wenn wir morgens aus dem Schlaf erwachen und uns besonders wohlig und gestärkt fühlen, dann können wir sicher sein, dass sich unsere Seele über Nacht in der Geistigen Welt wieder aufgetankt hat.

Manchmal ist das Leben im Körper eines Menschen dermaßen anstrengend, dass Seelen ihre Kraft dabei verlieren. Sie sind zwar nicht aus Fleisch und Blut, aber dennoch erfahren sie alle Erlebnisse eines Menschen, wenn man so will, hautnah. Sie sitzen ja nun mal in der ersten Reihe. Und genau das haben sie so gewollt! Deswegen ist die Spezies Mensch erschaffen worden!

Wie wir herausgefunden haben, befindet sich der Sitz einer Seele also nicht im Herzen. Das mag viele verwundern, aber ich hoffe, dass meine Erläuterung dazu die Logik dahinter erkennen lässt. Wo aber befindet sich nun der Sitz der Seele? In unseren Lungen? Wohl kaum. Dann vielleicht in unseren Nieren, Leber, Galle usw.? Wohl ebenfalls nicht.

Tatsächlich gibt es nur einziges Organ, das in der Lage wäre, so etwas Geheimnisvolles, nicht Greifbares zu beherbergen. Und das ist das menschliche Gehirn. Unser Gehirn ist nicht nur die Schaltzentrale für unseren Körper, also dafür zuständig, dass alle Organe reibungslos funktionieren und die richtigen Hormonausschüttungen stattfinden, nein, es beherbergt neben unserem eigenen menschlichen Bewusstsein auch das Bewusstsein unserer Seele. Hier ist der Hauptwohnsitz der Seele zu finden.

Über den menschlichen Schädel zieht eine Seele in einen menschlichen Körper ein. Niemals würde eine Seele direkt über das Kronenchakra einziehen, sondern immer rechts oder links daneben. Das Kronen- oder Scheitelchakra ist die direkte Verbindung zur Quelle, also der Zugang für den Menschen zur Geistigen Welt. Somit gilt dieses als unantastbar. Dieser Zugang ist allein den Menschen vorbehalten, deswegen wird eine Seele nie über diese Zufahrt in einen menschlichen Körper einziehen. Diejenigen unter euch, die in REIKI eingeweiht sind, wissen um dieses Mysterium, da das Kronenchakra von den Handpositionen ausgeschlossen ist. Hier gibt es nichts zu heilen, denn die Verbindung zu Gott ist heilig.

Hat sich noch nie jemand gefragt, wieso jeder Mensch mindestens einen Wirbel an seinem Kopf vorweisen kann? Vor allem das weibliche Geschlecht ärgert sich oft genug darüber, weil so manche Frisur auf Grund eines oder sogar mehrerer Wirbel nicht so perfekt sitzen will. Diese Wirbel sind nichts anderes als die Einstiegswirbel der Seele. Gleich tanzenden Derwischen wirbelt sich die Seele in den noch weichen Schädel eines entstehenden Menschen und hinterlässt dabei ihre Spur. Die Frage, warum dann einige Menschen mehrere Wirbel aufweisen können und andere nur einen (dafür aber einen recht großen), lässt sich ebenfalls leicht erklären, und damit dürfte sich die Frage nach dem Paragraphen 218 ein für alle Mal erklärt haben und die scheinbar nie enden wollende Diskussionen darüber aufhören.

Wenn eine Seele sich dazu entschließt, einen menschlichen Körper zu bewohnen, um die Erfahrung eines Lebens zu machen, so ist sie in den seltesten Fällen anwesend, wenn die Zeugung stattgefunden hat.

Sie schaut sich dieses Ereignis aus ihrem Heimatort an, denn welchen Sinn würde es machen, in eine Baustelle zu ziehen, wie auch wir nicht in einen Rohbau einziehen würden. Sie weiß, dass ohne ihr Zutun aus diesen winzig kleinen Zellen nach und nach ihr neues Zuhause fertig gestellt wird.

Manche können es kaum abwarten und besuchen, sobald die erste Chance zu einer Besichtigung freigegeben ist, ihre neue Behausung, um nach dem Rechten zu sehen. „Einstiegsluke“ ist der, im Gegensatz zum Rest des „Hauses“, riesige Kopf. Hat sie die Stelle gefunden, an der sie ohne große Mühe hineinkommt, wird sie immer die gleiche Stelle bevorzugen. Aber es kommt auch vor, dass sie immer wieder neu ansetzen muss, um eine für sie gute Stelle zu finden. Und so hat der eine nur einen Wirbel, andere wiederum mehrere.

Erst ab dem vierten/fünften Schwangerschaftsmonat, wenn sich der Fötus zu einem Menschen herausgebildet hat, darf die Seele in den neuen Körper einziehen. Und viele Frauen spüren in dieser Zeit zum ersten Mal, dass sich ihr Kindchen bewegt. Und genau dann können wir von einem Menschen und von Beseelung sprechen.

Die katholische Kirche, aber auch die Gesellschaft täte gut daran, Frauen, die aus sozialen oder auch aus anderen Gründen kein Kind haben wollen, zu unterstützen, anstatt ihnen ein schlechtes Gewissen einzureden.

Bis Ende des dritten Monats, Anfang/Mitte vierten einer Schwangerschaft ist daher in den wenigsten Fällen von einer Beseelung des Fötus zu sprechen.

Wie viele Frauen leiden heute noch darunter, dass sie vermeintlich eine Mörderin sind, nur weil sie sich, aus der Not heraus, gegen ein Kind entschieden haben. Sie sind es nicht! Und ich wünsche mir, dass recht vielen Betroffenen mit diesem Wissen ein Stein vom Herzen fällt.

Wer immer noch Zweifel hegt, dem sei gesagt, dass jede Seele ihren Lebensfilm selbst schreibt.

Und tatsächlich gibt es genug Seelen, meistens junge und unerfahrene, die sich eine Abtreibung oder auch einen anderen Abbruch in ihren Film hineinschreiben. Sie wollen die Gelegenheit wahrnehmen, versuchsweise, für kurze Zeit, herauszufinden, wie es als Mensch sein könnte, und freunden sich so erst ganz langsam mit der Menschwerdung an. Sie verharren nur kurz in diesem winzigen Körper, um sich dann in aller Ruhe zu überlegen, ob sie die Erfahrung als Mensch machen möchten oder nicht.

Es gibt also für alle Frauen dieser Welt absolut keinen Grund, ein Leben lang wegen einer einmal getroffenen Entscheidung zu leiden.

Und wenn die Kirche noch so sehr mit dem Zeigefinger auf euch herabzeigt und euch als Verlorene Seelen hinstellen mag. Das stimmt nicht! Ihr seid keine Mörderinnen, und ihr seid auch nicht für die Hölle vorgemerkt!!!

Mir ist natürlich bewusst, dass ich mit diesen Worten auf ganz enormen Gegenwind stoßen werde. Aber es tut mir Leid, Wahrheit muss nun mal Wahrheit bleiben. Die Menschen sind lange genug unterdrückt und mit Parolen, die Angst machen, klein gehalten worden. Das ist einfach nicht mehr angemessen.

Wir leben in einer so aufgeklärten Zeit. Wir leben in einer wunderbaren spirituellen Zeit, und wir leben in einer Zeit, in der Vergangenes keine Gültigkeit mehr hat. Die Menschheit hat einen enormen Entwicklungssprung gemacht, und von daher wird es jetzt einfach Zeit umzudenken.

Die letzten Jahrhunderte hat der Mensch in der Materie gelebt und darüber vergessen, woher er kam. Nun ist die Zeit der Erinnerung gekommen, und somit auch die Zeit der Spiritualität. In dieser Welt der Spiritualität ist kein Platz mehr für festgefahrene Glaubenssätze.

Eigenverantwortung heißt die Zukunft, und somit wird das Schäfchenspiel (hinter Dogmen und Glaubenssätzen hertrotten) früher oder später ein Ende haben.

Nachdem wir nun ein wenig Verständnis für das Wunderwerk Mensch erlangt haben, – dass der Mensch also eine perfekte materielle Hülle für eine feinstoffliche Substanz namens Seele ist –, kommen wir nun zu der Verschmelzung des menschlichen Gehirns mit der Seele, denn genau das ist das Schwierigste am Menschsein.

Unerfahrene Seelen muten sich oft zu viel zu, wozu man wissen muss, dass unsere Seelen ja aus göttlichen Gefilden kommen. Dort ist nichts unmöglich und alles machbar. Und genau aus dieser Energie kommt die Euphorie, alles bewältigen zu können. Das spiegelt sich auch oft genug in der Lebensplanung wider, in der sich die Erfahrungen, die gemacht werden wollen, nur so überschlagen.

Hier auf der Erde ist schon so manches Seelchen daran verzweifelt, was oft dazu führt, dass diese Seelen freiwillig aus dem Leben aussteigen. Und auch hierzu muss gesagt werden, dass diese Seelen, entgegen der Meinung der Kirchen, keineswegs für immer im Fegefeuer schmoren und zur Finsternis verdammt sind. Sie werden genauso liebevoll in Empfang genommen wie jede „normal“ zurückkehrende Seele. Es gibt niemanden, der sie auf Grund ihrer Entscheidung, vorzeitig das angebotene Leben abzubrechen, verurteilen oder gar verdammen würde.

Im Gegenteil! Gerade sie werden ganz besonders liebevoll in Empfang genommen. Wenn man so will, wird ihnen schon bei ihrer Ankunft Erste Hilfe geleistet, um sie danach in die Tempel der Heilung zu bringen. Hier werden sie gehegt und gepflegt, so lange, bis sie sich von den Strapazen ihres Lebens erholt haben. Danach ist meistens der wohlverdiente Urlaub angesagt, und erst wenn die Seele bereit ist, es noch einmal zu versuchen, wird zusammen mit ihr ein neuer Lebensfilm erstellt.

Dieses Mal wird sie sich hüten, sich noch einmal so zu überfordern..., ihr reicht es, diese Erfahrung einmal gemacht zu haben.

Da es im Leben also darum geht, Erfahrungen zu machen, kann bei logischer Überlegung so etwas wie eine Bestrafung nicht erfolgen.

Wie ich vorher schon erwähnte, sind wir selbst, also unsere Seelen, diejenigen, die sich die meisten Vorwürfe machen, wenn sie ein Leben verpatzt haben. Wir selbst sind es, die mit uns zu Gericht gehen. Und manches Mal ziemlich streng. Aber das kennen wir ja auch aus unserem irdischen Dasein.

Während wir unseren Freunden oder anderen Menschen gegenüber äußerst nachsichtig sind, verhalten wir uns selbst gegenüber oft sehr, sehr hart. Wir lächeln über die Marotten eines anderen und tun sie gutmütig als Macke ab, aber wehe, wir entdecken bei uns eine.

Anderen sprechen wir Trost und Mut zu, ermuntern sie, sich einmal auszuspannen oder fünf gerade sein zu lassen, und was machen wir mit uns? Uns selbst verlangen wir immer viel zu viel ab. Wir brauchen keine Erholung, wir brauchen keine Hilfe usw. Und gestehen wir uns dann dennoch einmal eine Auszeit zu, haben wir gleich ein schlechtes Gewissen. Ja, hallo???

Fangt an, euch liebevoller zu behandeln! Ihr seid etwas so Kostbares. Eure Seele braucht Streicheleinheiten, denn sie kommt aus der Liebe.

Wartet nicht darauf, dass ein anderer Mensch euch auf Händen trägt. Tragt euch selbst!!! Wenn ihr verstanden habt, was für ein Wunder, und vor allem **WER** ihr in Wirklichkeit seid, dann hört Ihr schlagartig auf, euch so grausam zu behandeln.

Kommen wir nun aber zurück zu der Vereinigung des menschlichen Gehirns mit der feinstofflichen Seele.

Wenn eine Seele in einen menschlichen Körper einzieht, dann hat sie auch die Aufgabe, sich mit dem menschlichen Gehirn, sprich Bewusstsein, auseinanderzusetzen. Und wie sich jeder vorstellen kann, wird das menschliche Gehirn nicht gerade in Begeisterung ausbrechen, wenn es plötzlich einen Untermieter bekommt. Damit es nicht zu Störungen im menschlichen Gehirn kommt, schickt die Seele anfangs nur einen winzig kleinen Seelenanteil, quasi als Späher oder Kundschafter, aus. Es gilt, sich in kleinen Schritten energetisch aneinander zu gewöhnen. Und natürlich gibt es wie immer und überall Ausnahmen.

Eine Seele, die in ihren Lebensplan reingeschrieben hat, ein geistig behindertes Leben zu führen, stellt diesen Zustand oft dadurch her, dass sie gleich beim ersten Einstieg ein erheblich höheres Energiepotenzial einbringt. So kommt es zu den sonst eher zu vermeidenden Gehirnstörungen, vergleichbar mit einem Kurzschluss.

Schafft ein menschliches Gehirn es dennoch, sich dieser hohen Schwingungsfrequenz anzupassen und das Gehirn bleibt unbeschädigt, passiert es nicht selten, dass es durch einen Unfall oder einen Ärztefehler früher oder später doch zu dieser Behinderung kommt. Das darf die Seele frei entscheiden.

Die meisten Seelen entscheiden sich aber dafür, diese Erfahrung in diesem Leben machen zu wollen, allein aus dem Grund, weil sie es dann hinter sich gebracht haben.

Wie schon erwähnt, bleibt die Seele am Anfang nicht lange im menschlichen Körper. Immer wieder verlässt sie ihn, damit sich beide, Seele wie Körper, auf das Schwingungsverhältnis anpassen und sich aneinander gewöhnen können. Erst wenn das Gehirn vollständig ausgereift ist, was fast immer in der 32. (Ende siebter/Anfang achter Monat) Schwangerschaftswoche der Fall ist, überlegt sich die Seele den Zeitpunkt für ihren vollständigen Einzug. Ich bin immer wieder fasziniert davon, wie viel von unserem Wissen um die Dinge im Verborgenen erhalten ist. Wird eine berufstätige Mutter nicht genau ab dem Zeitpunkt in Mutterschaftsurlaub geschickt?

Intuitiv wissen wir alle um die Geheimnisse des Lebens. Wenn wir sie uns bewusst machen, und dazu möchte ich beitragen, wird sich vieles auf dieser Erde verändern!

Unter diesem Gesichtspunkt, also dem endgültigen Eintritt einer Seele, wird noch einmal deutlich, dass kein Mord geschieht, wenn innerhalb des Zeitraums, der ersten drei Monate, ein Abbruch vorgenommen wird. Wobei unter ganz genauer Betrachtung Mord oder Totschlag, wie wir Menschen ihn verstehen, gar nicht möglich ist. Seelen kann man nicht töten. Seelen sind unsterblich!! Und wenn man dann noch weiß, dass alles, was geschieht, mit Zustimmung der Geistigen Welt passiert, nur damit wir hier unten auf der Erde genug Spielvarianten haben, dann wird so manches hinfällig. Dies soll nun wahrlich kein Freifahrtschein sein, um loszuziehen und wahllos Menschen zu töten oder sich einen Abbruch nach dem anderem zuzumuten. Wahrhaftig nicht!

Aber ich möchte hier verdeutlichen, dass, wenn es also etwas zu betrauern gibt, es die leere Hülle ist, also der menschliche Gastgeber einer Seele, der zurückbleibt. Die Seele selbst ist frei und schon längst in ihre Heimat zurückgekehrt. Und wenn dann noch, wie in Amerika üblich, auf Mord oder Totschlag die Todesstrafe steht, dann fragt man sich, mit welchem Recht schwingen sich Menschen auf, so über andere zu richten? Das hat nichts mit einem gerechten Urteil zu tun, sondern erinnert mehr an den Satz aus dem altem Testament der Bibel: „Auge um Auge, Zahn um Zahn“. Einem anderem Menschen das Leben zu nehmen, egal, ob als Täter oder als Richter, mag aus menschlicher Sicht nicht erstrebenswert sein. Aber trotzdem hat niemand das Recht, so über andere zu richten, geschweige denn, Gleiches mit Gleichem zu vergelten.

Wenn nun also beispielsweise ein Mord geschehen ist, ist das ein Zeichen, dass nicht die Seele von dem Körper Besitz genommen, sondern das Bewusstsein des menschlichen Gehirns die Oberhand hat.

Und da sind wir bei der größten Schwierigkeit einer Seele. Sie weiß von Anfang an, dass die größte Herausforderung für sie nicht das Leben selbst ist, sondern das menschliche Bewusstsein. Der Verstand. Denn dieser hat seinen eigenen Kopf. Und wenn er nicht gewillt ist, sich auf die Seele einzustellen, dann hat es eine Seele schwer. Immerzu wird er ihre Einwände überhören, er wird über sie hinweg entscheiden bis dahin, dass sie ihn gar nicht mehr erreichen kann. Und deswegen gibt es so viel Unterdrückung, Krieg und Tötungen auf der Erde. Denn was mit all den Taten ausgelebt wird, ist nicht das Seelenpotenzial, sondern entstammt aus den tiefsten Tiefen, dem sogenannten Reptiliengehirn*. So ein Mensch wird nur von

---

* Im Unterschied zu unserem Verstand, der uns ja größtenteils bewusst ist, arbeitet das sogenannte Reptiliengehirn im Verborgenen. Den Psychotherapeuten ist es auch als das limbische oder emotionale Gehirn bekannt. Es ist unser sogenanntes Urhirn, das wir mit den Reptilien gemein haben, liegt tief im Innern unseres Gehirns und arbeitet auf der unbewussten Ebene. Viele Überreaktionen wie spontaner Ärger, Affekthandlungen usw. sind in der Regel ihm zuzuordnen.

seinen Instinkten geleitet, nicht von seiner Seele. Aber so bitter das klingen mag, so unglaublich erscheint es aber auch zu verstehen, dass trotzdem ein großer Plan dahinter steht. Kein Leben ist deswegen vergeudet oder nichts wert. Und keine Seele wird auf Grund dessen ausgestoßen oder verdammt. Keine! Denn nicht **sie** hat etwas Schreckliches getan, sondern allein das menschliche Bewusstsein.

Jeder Mensch allein für sich ist schon ein Abenteuer! Mutter Erde ist ein riesengroßer Spielplatz, und hier darf mit Zustimmung der Quelle alles ausprobiert werden, was man will. Es geht darum, die Symbiose zwischen Seele und menschlichem Geist in Einklang zu bringen, und darum, Erfahrungen zu machen. Und wenn der Seele in einem Leben die Zügel aus der Hand genommen wurden, so wird sie sich das nächste Mal eine menschliche Hülle aussuchen, die sich nicht so gegen sie sperren wird.

Frei nach dem Motto: Neues Spiel, neues Glück.

Ich hoffe, dass ich ein bisschen dazu beitragen konnte, warum manche Menschen fähig sind, solch ungeheuerliche Gräueltaten an anderen zu vollbringen. Es sind Menschen, deren Bewusstsein sich gegen eine Seele entschieden hat und die nur aus ihren Instinkten leben. Das ist die einfache Erklärung. Und es musste und muss diese Menschen (noch) geben, da wir nun einmal (noch) in der Polarität leben.

Die unterschiedlichen seelischen Bewusstseinsstufen

Nachdem wir nun ein wenig Verständnis für das Zusammenspiel von Seele und Körper bekommen haben, wenden wir uns dem Bewusstsein einer Seele zu.

Wir wissen, dass die Seele mit einem menschlichen Körper verschmilzt. Wir wissen auch, dass das menschliche Gehirn ein eigenes Bewusstsein hat. Wie übrigens jede Zelle und jedes Organ, nicht zu verwechseln mit dem menschlichen Bewusstsein!!!! Und wir wissen, dass Leben nur möglich ist, weil eine große Kraft dahinter steht und alles mit ihrem Geist belebt.

Wird ein Mensch geboren, bringt er alles mit, was er für ein Leben braucht: Einen funktionierenden Körper und einen Geist, also ein Bewusstsein und eine Seele. Selbst wenn der Körper scheinbar nicht funktioniert, zum Beispiel bei körperlichen Behinderungen, oder wenn ein Gehirn, und somit der Geist, nicht störungsfrei arbeitet, wie bei geistig Behinderten, ist dies aus höherer Warte gesehen immer richtig! Es ist perfekt, wie es ist!

Für manche Eltern mögen meine Worte eine Zumutung sein, – nämlich für die Eltern, die ein behindertes Kind zu Hause haben. Dabei dürfen gerade sie stolz darauf sein, dass sie von einer Seele ausgesucht wurden, die sich eine Behinderung in ihren Lebensplan hineingeschrieben hat. Bei dem Entwurf eines Lebensplans weiß unsere Seele, welche Erfahrung sie machen möchte, und sucht sich das passende Umfeld dafür aus.

So hält sie Ausschau nach Eltern, die dieser enormen Belastung standhalten können, nicht zu vergessen die Tatsache, dass die Eltern, bevor sie ihr Leben antraten, dieser Erfahrung zugestimmt haben.

Meist sind es zudem junge und unerfahrene Seelen, die zum allerersten Mal inkarnieren. Verständlicherweise haben sie nicht unerheblichen Bammel davor, Mensch zu werden. Und so kommt es oft genug vor, dass sie den Weg der Behinderung wählen, weil sie dann absolut sicher sein können, in vollkommener Geborgenheit und Liebe das Menschsein zu erfahren.

Behinderte Menschen, die von ihren Eltern abgelehnt und, wie es früher üblich war, als Dorftrottel beschimpft und verlacht werden, sind das genaue Gegenteil – in der Regel alte und weise Seelen, und oft schrieb und schreibt man ihnen, man denke nur an die Autisten, besondere Fähigkeiten zu.

Steven Hawkins ist das beste Beispiel dafür, seines Zeichens Atomphysiker und körperlich ein Krüppel. Aber welch' eine grandiose und geniale Seele steckt in diesem Körper. Eine Seele, die für die Welt eine unschätzbare Bereicherung ist!

Solche Zustände halten nur alte Seelen aus. Während die meisten jungen und unerfahrenen Seelen unter den geistig Behinderten zu finden sind, leben alte Seelen oft in hinfälligen Körpern. Sie können mit dieser Situation umgehen. Denn es ist sicherlich kein Pappenstil, bewusst zu erleben, ein Krüppel zu sein.

Wie das Bewusstsein des Menschen im Laufe eines Lebens wächst, so wächst auch das Bewusstsein der Seele. Fälschlicherweise wird immer angenommen, dass eine Seele von Anfang an perfekt ist, was einerseits stimmt, aber andererseits auch nicht, denn: Wenn eine Seele sich entschließt, den Weg der Menschwerdung zu gehen, stimmt sie damit zu, aus ihrer Perfektion zu fallen. Sie weiß also, dass sie ihre Göttlichkeit, ihre Möglichkeiten und ihr gesamtes Wissen auf dem Weg zum Menschsein quasi an der Garderobe abgeben muss. Jedes Mal aufs Neue taucht sie ab in die Ungewissheit. Das gehört zum Spiel, und das ist die oft zitierte Amnesie, die uns alle befallen hat. Mit jeder Inkarnation sammelt sie mehr und mehr Erfahrungen, und damit wächst auch das seelische Bewusstsein.

Um besser verstehen zu können, wovon ich rede, führe ich die einzelnen Bewusstseinsstufen auf, die erreicht werden können.

☆☆☆

Die Säuglingsseele

Eine Seele, die zum allerersten Mal inkarniert, ist in der Regel daran zu erkennen, dass sie meist unselbstständig ist und einen sehr schutzbedürftigen Eindruck macht. Sie ist, genau wie unsere Säuglinge auch, auf die Hilfe anderer angewiesen, weil sie noch keine Ahnung und keinen Vergleich hat, was es mit dem Menschsein auf sich hat. Daher besteht oft der Wunsch, mit einer geistigen Behinderung zur Welt zu kommen, um über Schwingungen, also über das Wahrnehmen von Berührungen, Stimmen und Klängen, die Erde und ihre Bewohner kennenzulernen.

Jede Säuglingsseele braucht also eine Art Rückfahrschein, eine Garantie, dass ihr Aufenthalt auf der Erde nicht von Dauer sein wird. Das ist für sie von ganz besonderer Wichtigkeit. Und so erklären sich die plötzlichen Kindstode oder auch, dass viele Behinderte nicht allzu alt werden. Auch hier gibt es natürlich, wie immer, Ausnahmen.

Liegt keine Behinderung vor, findet man die Säuglingsseele oft in Gebieten, in denen es politisch kriselt, Krieg herrscht oder in einer sozial schwachen Umgebung, in der Kriminalität, Krankheit oder Hunger regiert. Sie brauchen diese Umgebung oder Umstände, damit sie sicher sein können, schnell genug wieder nach Hause zu kommen!

Es liegt also aus dieser Sicht kein Grund vor, Mitleid mit diesen Kindern oder Menschen zu haben, denn es war ihr freier Wille und ihre freie Entscheidung!

Sicherlich geht jetzt ein Aufschrei durch das Land.

Aber hier kommt die Erklärung:

Auch mir zieht sich jedes Mal das Herz zusammen, wenn ich Bilder von kranken und halb verhungerten Kindern oder Erwachsenen im Fernsehen sehe, auch wenn ich hundertmal um die Zusammenhänge weiß. Und dennoch, aus menschlicher Sicht, ist es keine Frage, anderen Menschen helfen zu wollen, mitzufühlen und mitzuleiden, und es ist wirklich schön, so sozial und human zu denken und zu handeln, aber aus spiritueller Sicht pfuschen wir damit jedes Mal einer anderen Seele in ihren Lebensplan und rufen damit Plan B auf.

Es ist nämlich häufig zu beobachten, dass, wenn wir Hilfe geleistet haben und vermeintlich alles gut ist, ein Ereignis stattfindet, das letztendlich dazu führt, dass diese Säuglingsseele ihre Rückreise doch noch antreten kann.

Genau wie wir als menschliche Neugeborene haben die Säuglingsseelen keinerlei Erinnerung mehr daran, wer und was sie sind und fühlen sich in eine Welt hinausgestoßen, die sie nicht kennen und die ihnen Angst macht. Außerdem haben sie das Gefühl, von ihren Lieben aus der Geistigen Welt verlassen worden zu sein.

Angst, Verunsicherung und Scheu bestimmen die ersten Leben einer Säuglingsseele, und das so lange, bis sie langsam Vertrauen gefasst hat.

☆☆☆

Die Kindseele

Alle Leben als Kindseele dienen einer erwachenden Selbstständigkeit.

Die Kindseele grübelt zwar immer noch, warum sie aus der Quelle gefallen zu sein scheint, findet aber dennoch immer mehr Gefallen daran, sich in der neuen Welt zu erfahren. Genau wie unsere Kinder zeigt sie Interesse an der Welt und ist überaus neugierig, aber sie braucht immer noch ihren Rückfahrschein.

So wie unsere Kleinkinder unsere Nähe suchen, wenn sie Sicherheit benötigen, braucht auch die Kindseele Sicherheit, jederzeit in ihre Heimat, also in die sicheren Arme der Quelle, zurückkehren zu können, und daher sind auch in dieser Seelenstruktur plötzliche Unfälle oder unerklärliche Ereignisse nichts Ungewöhnliches.

Eine Kindseele zeichnet sich dadurch aus, dass sie für alles, was ihr widerfährt, immer anderen die Schuld in die Schuhe schiebt, denn sie ist noch nicht in der Lage, für das, was sie tut, Verantwortung zu übernehmen und spielt gerne mit allen Möglichkeiten. Wir kennen das von unseren eigenen Kindern. Hat sich eines den Kopf an einem Tisch gestoßen, so ist der blöde Tisch daran schuld.

Erst gegen Ende der Serie als Kindseele kommt die Bereitschaft, Verantwortung zu übernehmen.

☆☆☆

Die junge Seele

Kein anderer Zyklus dauert so lange und wird so oft wiederholt wie der der jungen Seele. Hat die Seele diese Bewusstseinsstufe erreicht, geht sie, sinnbildlich gesprochen, auf Wanderschaft. So wie unsere Kinder das Elternhaus verlassen und hinaus in die Welt ziehen, so probiert die junge Seele alle Facetten des Lebens aus und macht in ihrer Sturm- und Drangzeit unweigerlich Fehler, weil ihr die Erfahrung und die nötige Reife fehlen.

Hier werden die ersten karmischen Verstrickungen oder Bande gelegt. Von einer jungen Seele kann man sagen, dass sie noch nicht weiß, was sie tut, aber es kommt der Zeitpunkt, an dem sie ganz bewusst beginnt, ihre Kräfte zu messen. Sie fängt an zu experimentieren. So liebevoll sie sein kann, so lieblos kann sie sich auch geben, und sie denkt, wie auch unsere Teenager, dass sie alles vermag. Sie will die Welt verändern, oft schafft sie es sogar, ist sich aber immer noch nicht im Klaren darüber, dass ab jetzt für alles, was sie tut, eine Konsequenz erfolgen wird.

Auch wenn sie wie ein Hans Dampf in allen Gassen erscheint, so ist sie doch von einer tiefen Unsicherheit geprägt. Genau wie unsere Heranwachsenden, die noch nicht wissen, ob sie Fisch oder Fleisch sind. Die junge Seele ist inzwischen so in der Materie verwachsen, dass sie kaum mehr einen Gedanken an ihre ursprüngliche Heimat verschwendet. Trotzdem und gerade deswegen zeichnet sie auch eine tiefe Unruhe aus, und sie hat zumindest schon eine Ahnung, dass es da mehr geben muss...

Die reife Seele

Eine reife Seele hat nun verinnerlicht, wie die irdische Welt funktioniert. Sie braucht nichts mehr zu entdecken, sie braucht sich auch nicht mehr auszuprobieren, da sie alles, was sich ihr im Außen präsentiert hat, angenommen und verstanden hat. Auf dieser Bewussteinsstufe angelangt, erfolgt eine Innenschau.

Zum allerersten Mal stellt sie sich die Frage: „Wer bin ich?" Um dieser Frage nachgehen zu können, braucht sie ein gesichertes Umfeld. Wie sie überhaupt anfängt, sich für das Schicksal anderer zu interessieren.

Ebenfalls zum ersten Mal werden auch Erfahrungen mit tiefgehendem Kummer gemacht. Sei es über die Mitmenschen oder am eigenen Leib.

Oft kann eine reife Seele die für sie erschütternden Ereignisse nicht ertragen und versucht nicht selten, sich mit Drogen oder anderen Giften zu betäuben, damit sie all das vergessen kann. Trotzdem ist sie bereit, Verantwortung zu übernehmen und hat den tiefen Wunsch nach Bewusstseinserweiterung.

Reife Seelen zeichnen sich durch ihren Mut aus, auch wenn sie insgeheim viele Tränen vergießen ob all der schmerzvollen Erfahrungen, die sie ja zum ersten Mal erleben. Auf Grund ihres erwachenden Bewusstseins ist eine reife Seele immer auf der Suche nach der Wahrheit. Zweifel und Sehnsucht lassen sie alles hinterfragen. Sie hat schon eine innere Ahnung davon, dass sie mehr ist als ein Mensch.

Die alte Seele

Während aller vorangegangenen Bewusstseinsstufen hatte die Seele nie das Gefühl, in ihren Leben wirklich alleine zu sein. Immer waren andere hilfreiche Menschen um sie herum, und sie hat sich als Kollektiv verstanden. In dem Bewusstseinszustand einer alten Seele wird ihr zum ersten Mal deutlich, dass sie auf körperlicher Ebene, also als Mensch, alleine ist. Sie ist eine Welt für sich. Die Sehnsucht nach mehr, die sie schon als reife Seele verspürt hat, verhilft ihr nun zusammen mit der Erkenntnis, alleine zu sein, ihr Bewusstsein zu erweitern.

Alte Seelen rufen intuitiv nach Hilfe. In ihrer Erkenntnis, vollkommen alleine zu sein, wendet sich die alte Seele an die höheren Ebenen und ruft somit die Geistige Welt, die nur zu gerne bereit ist, ihr zu helfen. Und damit wächst ihre Fähigkeit, intuitiv, telepathisch, ja sogar hellseherisch zu sein.

Ein ganz besonders Merkmal alter Seelen ist, dass sie es leid sind, immer wieder auf irdischer Ebene zu kämpfen. Sie haben schon so viele Leben hinter sich, so viel erlebt, dass sie es einfach müde sind, immer wieder neu auf der Erde für ihre Existenz sorgen zu müssen. Oft können sie sich weder für die Schule noch für einen späteren Beruf begeistern, und gerade weil sie es so müde sind, kommt es nicht selten vor, dass sie auf Kosten anderer leben. (Nicht zu verwechseln mit den einfach nur Faulen.)

Ebenfalls auffällig ist, dass sie viele Talente haben. Unbewusst schöpfen sie ihre Begabungen aus all ihren Inkarnationen, was sich als Multitalent widerspiegelt. Sie weiß nun, dass sie ein Geist- oder Lichtwesen ist, begreift den Sinn und Zweck ihres Erdendaseins und gelangt so zu einem tiefen inneren Frieden.

Was die alte Seele am Ende ihres Bewusstseinsstadiums ausmacht, ist ihre umwerfende Herzensliebe.

Als alte Seele schließt sich der Kreis. Man hat alle Erfahrungen gemacht, aber viel wichtiger ist, dass man es geschafft hat, sich Schritt für Schritt der Quelle wieder anzunähern, um dann in der Quelle zu bleiben. Der Inkarnationszyklus ist damit beendet. Wie lange eine Seele dafür braucht, ist schwer einzuschätzen. Tatsache ist jedenfalls, dass Zeit keine Rolle spielt. Sie hat alle Zeit des Himmels.

In gewisser Weise erleben wir als Mensch genau diese Stadien im Laufe **eines** Lebens. Vom Säugling, der auf andere angewiesen ist, hin zum Kleinkind, das seine Welt entdeckt, zum Teenager, der die Welt verbessern will, hin zum ruhiger werdenden Erwachsenen, bis zu den reiferen Jahren, in denen der Mensch seinen Platz gefunden hat, um als alter Mensch, versöhnt und mit Wissen angereichert, zur Geistigen Welt zurückzukehren. Na, wenn das kein Zufall ist!

Das sind also die Bewusstseinsstufen, die eine Seele erlangen möchte. Jede einzelne Stufe beinhaltet immer mehrere Inkarnationen, und zwar so lange, bis das Bewusstseinsstadium, also das Klassenziel, erreicht ist. Wir würden ja auch nicht mitten im Schuljahr von der ersten in die fünfte Klasse springen.

Es verblüfft mich immer wieder, wie ähnlich die irdischen Strukturen den himmlischen sind. Wieder einmal muss Hermes herhalten: „Wie oben, so unten". Und ich kann nur sagen, wie wahr, wie wahr!

Wie sieht es nun aber in Wirklichkeit aus?

Sind wir uns wirklich darüber bewusst, **was** wir sind? Oder anders gefragt: Sind wir uns darüber im Klaren, was das Wunderwerk Mensch in Wahrheit ist und wie wir mit ihm umzugehen haben?

Zwangsläufig muss es Nein heißen, da ja nicht alle Menschen auf ein und derselben Bewusstseinsebene sind. Es ist ja nun keine Frage mehr, dass wir maskierte Lichtwesen sind. Wir kommen aus einer überaus liebenden Quelle, ja, wir selbst sind Liebe. Beginnt nun das menschliche Spiel, können wir uns zunächst an nichts mehr erinnern, und zwar in jeder Bewusstseinsstufe.

Wobei es gegen Ende des Inkarnationszyklus der alten Seele Ausnahmen gibt. Oft genug kann sie sich entweder an ihr vergangenes Leben erinnern, oder aber sie weiß von Anfang an, dass sie aus der Quelle kommt und fällt schon recht früh wegen ihrer besonderen (meist medialen) Begabungen auf.

Was uns zusätzlich behindert, ist der menschliche Verstand. Wenn unsere Seele es nicht schafft, einen positiven Einfluss auf ihn auszuüben, dann werden wir uns als

Mensch zu Taten hinreißen lassen, die nichts, aber auch gar nichts mit uns als Lichtwesen zu tun haben.

Je öfter eine Seele inkarniert, also je reifer sie wird, umso zielsicherer sucht sie sich die Maske Mensch aus. Sie überprüft, ob die Charaktereigenschaften mit ihrer Seelenstruktur harmonieren, denn das macht es leichter. Und dennoch weiß sie jedes Mal, dass sie quasi Russisch Roulette spielt.

Je stärker eine Seele wird und je weiter ihre Entwicklung voranschreitet, umso höher wird ihre Anforderung. Sucht sie sich anfangs, nun, sagen wir mal, einen Menschen mit einem eher kindlichen Gemüt aus, so traut sie sich später an menschliche Strukturen heran, die ihr, wenn man so will, zum Verhängnis werden können. Beispiele dafür gibt es in unseren Geschichtsbüchern zuhauf. Aber auch in unserem alltäglichen Leben tobt der ganz normale Wahnsinn.

Und hier möchte ich nun von der Seele zum Menschen übergehen und mich damit dem Thema Kind widmen.

☆☆☆☆☆

Unsere Kinder

Wenn ein Mensch geboren wird, ist er in jeder Hinsicht formbar. Ein kleines Bündel Leben wird der Verantwortung der Eltern übergeben. Nicht nur, dass es von ihrer Liebe abhängig ist, nein, es ist auch abhängig von ihrer Erziehung.

Ein neugeborener Mensch ist wie ein Diamant. Wir können ihn liebevoll schleifen und damit zum Strahlen bringen, wir können ihn aber auch einfach liegen lassen. Damit bleibt er im wahrsten Sinne des Wortes ein Rohling. Leider, so könnte man sagen, gibt es auf dieser Welt etliche davon. Viele Eltern lassen ihnen, anfangs aus Modegründen und später aus Gewohnheit, keine Erziehung mehr angedeihen. Dabei möchte jedes kleine Menschlein an die Hand genommen werden. Heutzutage wird zwar viel für die Kinder getan und sie haben bessere Lebensumstände als jemals zuvor, – dennoch sind viele ärmer dran, als es jemals der Fall gewesen ist. Sie haben alles und doch nichts.

Diese Kinder wissen instinktiv, dass ihnen etwas ganz Wichtiges vorenthalten wird, nämlich Liebe und Fürsorge. Um beides dennoch zu bekommen, werden die meisten von ihnen auffällig. Sei es, dass sie sich in Krankheiten flüchten, oder schwere psychische Schäden entwickeln.

Egal, woran ein Kind leidet, es ist immer der verzweifelte Versuch der Seele, auf sich aufmerksam zu machen. Wenn all das nicht hilft, dann mag es mit Hilfe von Medikamenten vielleicht zu einer körperlichen Besserung kommen, aber die Seele leidet weiterhin.

Warum wohl sind unsere Dreikäsehochs schon so anstrengend? Warum machen sie vielen Eltern das Leben schwer?

Ich kenne einige Mütter, die einerseits ihre Kinder den ganzen Tag um sich haben, aber dennoch nicht in der Lage sind, auf die Bedürfnisse ihrer Kinder einzugehen. Abends sind die Mütter fix und fertig und froh, ihre Kinder im Bett zu haben. Endlich Ruhe...

Als Erstes muss gesagt werden: Kinder in die Welt zu setzen hat etwas mit Verantwortung zu tun.

Alle Eltern sollten sich darüber im Klaren sein, dass ein Kind eben nicht nur ein Kind ist, sondern eine Seele, die nur in ihrer physischer Form aussieht wie ein Kind.

Eltern geben einer Seele die Chance, durch sie auf die Erde zu kommen. Schaut man sich ein Neugeborenes an, sieht man auf den ersten Blick die Reinheit und Unschuld dieser Seele. (Ausnahmen sind natürlich auch hier wieder gegeben, wenn man bedenkt, dass ja auch sogenannte dunkle Seelen inkarnieren.)

Die Seele wollte auf die Erde kommen und hat sich den Rahmen ihrer Inkarnation und auch die Eltern ausgesucht. Auf höherer Ebene haben die Eltern dieser Aufgabe zugestimmt, aber auf menschlicher Ebene scheint alles vergessen, denn leider haben viele Eltern heute ihren Verantwortungssinn verloren. Sobald das Kind anfängt, das Bewusstsein und auch seinen Verstand für sich zu entdecken, hängen sie ihre Verantwortung an den Nagel und geben mit Erwachen des Bewusstseins ihrer Kinder die Verantwortung ab. Und überlassen so ihre Kinder sich selbst.

Sie zeigen ihnen keine Grenzen auf, vermitteln ihnen keine Werte, beschäftigen sich nicht wirklich mit ihnen, dafür bekommen die Kinder aber ersatzweise Berge von Plunder (vollgestopfte Kinderzimmer), aber das Allerschlimmste: Sie widmen sich ihren Kindern nicht in Liebe. Und je fordernder die Kinder werden, umso anstrengender empfinden sie ihre Eltern. Dass sie selbst an dieser Entwicklung schuld sind, kommt ihnen auch nicht in den Sinn. Es sagt ihnen aber auch keiner, denn niemand hat Lust, sich in die viel zitierten Nesseln zu setzen. Wer es ihnen aber immer wieder zuflüstert, ist die Seele.

Eltern, die ihre Kinder so vernachlässigen, werden ständig von einem schlechten Gewissen geplagt. Und diese innere Stimme, die wir Gewissen nennen, ist unsere Seele. Immer wieder weist sie uns sanft darauf hin, dass wir nicht das Richtige tun, so auch bei den Eltern von heute. Anstatt aber nun da einzig Richtige zu tun, nämlich sich darauf zu besinnen, dass ein Kind Liebe und Zuwendung braucht, werden die Kinder mit allen möglichen materiellen Dingen überschüttet. Wenn man so will, kaufen sich etliche Eltern von ihren Kindern frei. Und dennoch, das schlechte Gewissen hört nie auf. Und auch die Kinder hören nicht auf, ihren Eltern den letzten Nerv zu rauben...

Je älter sie werden, umso anstrengender und fordernder werden sie. All das nur, weil die Seele des Kindes darunter leidet, dass sie nicht in der Liebe aufwächst. Sicherlich lieben alle Eltern ihre Kinder, nur haben viele selbst schon nicht mehr erfahren, wie es ist, liebevolle Eltern zu haben. Was sie nie kennengelernt haben, können sie nicht weitergeben.

Zudem vergessen viele Eltern, dass ihre Kinder ja tatsächlich noch Kinder sind! Sie überfordern sie mit einer Selbstständigkeit, die für Kinder nicht angebracht ist. Es ist auch nicht ratsam, Kinder in alles, was man als Erwachsener tut, mit einzubeziehen. Meiner Meinung nach ist es eine Unsitte, Gespräche über die eigenen Kinder in Gegenwart der Kinder zu führen.

Oft sieht man im Fernsehen, wie Mütter, mit ihren Kindern auf dem Schoß, lang und breit deren Krankheitsgeschichte erzählen. Das Kind rutscht derweil sichtlich unwohl auf dem Schoß der Mutter herum und fängt an, sich auffällig zu benehmen.

Braucht man ein klareres Beispiel, dafür, dass Kinder gar nicht mithören wollen? Zudem vermittelt man den Kindern auch noch das Gefühl, nicht in Ordnung zu sein und somit eine Last. Das ist in meinen Augen das Sträflichste überhaupt. Das kindliche Bewusstsein weiß ja noch nicht, dass es die Seele ist, die auf die Umstände mit Krankheit reagiert und muss sich somit zwangsläufig als etwas Abnormales empfinden. Das trägt nicht gerade zu einem besseren Wohlbefinden bei.

Weniger sensiblen Kindern kommen solche Unterhaltungen gerade recht, um genauestens zuzuhören und sich zu überlegen, welche Symptome sie als Nächstes entwickeln können. So oder so sollte man Kinder, seien sie nun krank oder nicht, aus Erwachsenengesprächen heraushalten. Vieles wird nämlich falsch verstanden, und oft wird ein Kind umsonst in Verzweiflung gestürzt. Die Phantasie eines Kindes ist schier unglaublich. Erinnert euch doch nur einmal daran, wie es euch in eurer Kindheit ergangen ist!

Kinder müssen angeleitet, müssen an die Hand genommen werden, müssen wissen, dass sie sich, wenn es gar zu dicke kommt, auf ihre Eltern verlassen können. Aber man sollte sie nicht in die Erwachsenenwelt mit einbeziehen. Oft genug werden sie mit allem allein gelassen. Und das führt zu all dem Stress in der Familie heute. Und somit unterliegen sowohl Eltern wie auch Kinder einer ständigen Überforderung. Und leider, leider nützt es in den wenigsten Fällen gar nichts, Hilfe im Außen zu suchen, sprich bei Ärzten und Therapeuten. Sie können nur unterstützen und lindern, aber heilen? Das gelingt ihnen in den wenigsten Fällen. Es sei denn, sie erreichen die Seele.

Mittlerweile gibt es allerdings Ärzte und Therapeuten, die erkannt haben, dass es den Patienten wenig hilft, sich auf die Couch oder nur in Behandlung zu begeben. Sie beziehen Körper, Geist und Seele mit ein und haben damit auch Erfolg.

Wer allerdings in den meisten Fällen Erfolg hat, sind unsere Heilpraktiker. Sie wissen, dass man Heilung nur erlangen kann, wenn man den Menschen als Ganzes betrachtet. Menschen sind eine Einheit aus Körper, Geist und Seele, und es macht keinen Sinn, nur die Symptome zu behandeln, ohne nach der Ursache zu forschen. Aber dazu komme ich gleich noch.

Gerade Kinder sind voll und ganz auf uns angewiesen, auf unsere Fürsorge und unsere Liebe. Und Kinder sollten auch in unserer Gesellschaft noch Kinder sein dürfen. Warum wohl schreitet die Entwicklung unserer Kinder so rasant fort? Die fehlende Kindheit lässt unsere Kinder schneller erwachsen werden als vorgesehen. Es gibt keine Welt für Kinder mehr! Sie können sich nur noch an der Erwachsenenwelt orientieren. Und wie die heutzutage aussieht, muss ich hier nicht näher beschreiben.

Nicht nur, dass Kinder unsere Fürsorge und unsere Liebe dringendst brauchen, sie brauchen auch unseren Schutz! – vor der Erwachsenenwelt wie vor der Welt überhaupt. Außerdem gilt es, auch die Seele zu beschützen, damit sie sich langsam aber sicher in dieser Welt zurechtfinden kann. Geben wir einem Kind all das, so profitiert die Seele davon, und sie hat es leichter, mit dem menschlichen Gehirn eine Symbiose einzugehen. Wie soll sie sich gegenüber ihrer Herberge (dem Menschen) durchsetzen, wenn dieser nie gelernt hat, auf sie zu hören?

Unser Gewissen ist nichts anderes als die Sprache, also der Ausdruck, der Seele. Wird unseren Kindern nicht schon früh der Unterschied zwischen Gut und Böse vermittelt oder wird ihnen nicht früh genug beigebracht, dass das Erdendasein ein Miteinander ist, nimmt das menschliche Gehirn überhand und wird jegliche Regung eines Gewissens abweisen. Damit wird die so schöne, zarte Stimme der Seele regelrecht erstickt, und unseren Kindern fehlt der wunderbare Dreiklang von Körper, Geist und Seele.

Kinder brauchen Regeln, Kinder brauchen in gewisser

Form Beständigkeit. Was sie aber am allermeisten brauchen, ist unsere Liebe, denn nur getragen von unserer Liebe können sie sich in dieser Welt sicher sein. Wie soll sich eine Seele entfalten können, wenn sie sich nicht geborgen fühlen kann? Das ist fast unmöglich. Und noch viel schlimmer, sie leidet darunter.

Die Wartezimmer der Kinderärzte, Kinderpsychologen und Therapeuten sind voll mit leidenden Seelen. Nicht nur die Wartezimmer der Kinderärzte. Immer mehr Erwachsene suchen ebenfalls Hilfe. Die beste Therapie nützt aber leider nichts, wenn es nicht zu einer anderen Sichtweise – der Gesellschaft im allgemeinen und der Eltern im Besonderen – kommt.

Fangt an, euren Kindern ihren **KIND-**Status zurückzugeben. Hört auf, sie wie kleine Erwachsene zu behandeln. Erwachsen werden sie noch früh genug. Gebt ihnen Liebe und Geborgenheit. Macht euer Haus zu einer Oase und gebt euren Kindern das Gefühl, beschützt zu sein. Gebt ihrem Drang nach Bewegung nach und lasst sie nicht vor der Welt des Fernsehers oder des Computers allein. Dort verkümmern sie oder unterliegen dem Einfluss einer unrealistischen Welt. Gebt ihnen vernünftige Nahrung, auch geistige! Und lasst sie wissen, dass sie euch lieb und teuer sind. Lehrt sie, was das Leben ist. Ein Miteinander, kein Nebeneinander, was zwangsläufig auch Regeln beinhaltet.

Vermittelt ihnen die Wunder der Natur, zeigt ihnen die Schönheiten dieser Welt, aber vor allen Dingen zeigt ihnen die Schönheit eures Herzens.

Macht eure Herzen ganz weit auf, und ihr werdet wissen, was eure Kinder brauchen. Selbst wenn ihr als Kinder all diese Werte vermisst habt. Es ist nie zu spät umzudenken. Und da ihr, ja, ihr, liebe Eltern, ebenfalls Seelen seid, die aus der Liebe kommen, ist nichts unmöglich. Erinnert euch daran. Es ist ganz einfach!

Ihr müsst nur den ersten Schritt tun. Seht euch eure Kinder mit dem Herzen an. Macht euer Herz auf. Dann kommt die Liebe zu euch und ihr könnt sie an eure Kinder weitergeben. Das wird euch unter anderem auch befähigen, eure Kinder nicht mehr auszulachen, wenn sie euch erzählen, mit imaginären Freunden gespielt zu haben.

Kinder sind Seelen, die direkt aus der Quelle zu uns kommen. Meiner Meinung nach gibt es kaum noch Säuglingsseelen, oder, besser gesagt, die Zahl wird immer geringer, so dass sich auf der Erde überwiegend junge, reife und alte Seelen aufhalten. Also Seelen, die sich mehr oder weniger an ihren Ursprung erinnern können. Und deshalb sollten wir allein schon aus spiritueller Sicht ganz besonders liebevoll und sorgsam mit unseren Kindern umgehen.

Gerade in den ersten drei Jahren ist die Erinnerung an Zuhause sehr präsent, Kinder sind in diesem Zeitraum zu ca. 90 % Seele und nur zu ca. 10 % ein Mensch.

Kinder unterliegen unserer Obhut, und Kinder, die reine Seelen sind, werden unter unserer Aufsicht erst zu Menschen. Und es liegt allein an uns, zu welcher Art Mensch sie werden.

Reife und alte Seelen wissen als Kind noch sehr genau, woher sie kommen, und können ihre geistigen Freunde noch sehen, ebenso, wie sie die Aura (Lichtfelder) wahrnehmen können. Es sind wir, die Erwachsenen, die ihnen diese Fähigkeiten allmählich aberziehen.

An dieser Stelle sei gesagt, dass die Geistige Welt unter anderem aus Klängen und Farben besteht.

Wie sehr und wie lange wir brauchen, um uns an die irdische Frequenz zu gewöhnen, lässt sich an der Stimmlage unserer Kleinen sehen, – sie ist der irdische Beweis für unsere himmlische Abstammung.

Wenn wir als Babys auf die Welt kommen, kommen wir direkt aus der Quelle, haben also auch noch die hohe Schwingungsfrequenz, was sich zum einem in unserem zerbrechlich wirkenden Körper widerspiegelt, aber auch in unserer sehr hohen Stimmlage. Erst im Laufe unserer Entwicklung verändert sie sich und wird tiefer.

Wenn wir das Teenageralter erreicht haben, sind wir endgültig auf der Erde verankert und zählen zu den Erwachsenen. Und auch hier lässt sich wieder die erstaunliche Entsprechung zum Seelenbewusstsein erkennen.

Werden wir älter, werden wir scheinbar durchlässiger. Unsere Haut wird fast durchschimmernd, und auch die Kraft unserer Stimme läßt nach. Sie wird, wie man so schön sagt, dünner. Auch das ist eine wunderbar ausgeklügelte Entwicklung, denn schließlich soll es die Seele ja so einfach wie möglich haben, wieder aus dem menschlichen Körper auszusteigen.

Geben wir also unseren Kindern das Recht wieder, Kinder zu sein, damit sie als wertvolle Menschen durchs Leben gehen können!

☆☆☆☆☆

Geisteshaltung

„Der Mensch lebt nicht vom Brot allein".

Genau das macht den Unterschied zwischen Tier und Mensch aus. Das tierische Bewusstsein ist insofern anders ausgelegt, als Tiere in jeder Minute ihres Daseins immer den Augenblick leben. Tiere sind immer im Hier und Jetzt, – ein Zustand, der dem Menschen unsäglich schwerfällt und oft nur durch jahrelanges, mühsames Meditieren erreicht wird. Für all diejenigen, die sich ebenfalls so verzweifelt abmühen, hier ein Tipp: Beim Meditieren geht es nicht darum, seine Gedanken zum Stillstand zu bringen, sondern bewusst im Hier und Jetzt zu sein.

Gedanken zum Stillstand zu bekommen ist fast unmöglich. Man sollte sie sich anschauen, und dann bewusst vorbeiziehen lassen. Das ist die Kunst der Meditation. Wer seine Gedanken bewusst wahrnimmt und sie ziehen lässt, wird zu einer Stille finden, die wiederum Zugang zum wahren Selbst verschafft.

Gedanken zum Stillstand zwingen zu wollen, beschwört nur eine Vielzahl neuer Gedanken herauf. Sie werden mehr. Wie alles, gegen das wir ankämpfen, denn dann geben wir Energie hinein und stärken es damit. Das gilt für alles.

Menschen, die auf die Straße gehen, um gegen irgendetwas zu protestieren, erreichen in der Regel gar nichts oder nicht viel. Wenn sie aber anfingen, zum Beispiel statt **gegen** einen Krieg zu demonstrieren, **für** den Frieden auf die Straßen zu gehen, dann würde diese Energie genährt, und es würde viel nachhaltiger zum Erfolg führen.

So oder so finde ich persönlich, dass es immer noch am besten ist, gar keine Energie hineinzugeben. Viel wirkungsvoller wäre es, wenn Menschen sich weigern würden, einen bevorstehenden Krieg mitzumachen. Ohne die Soldaten, die den Kriegsgedanken **ANDERER** ausführen, wären Kriege nämlich nicht möglich.

Anstatt sich nach den Vorstellungen und Regeln anderer zu richten, sollte jeder von uns anfangen, seiner eigenen Wahrheit zu folgen. Tun wir das nämlich nicht, geben wir damit unsere irdische Eigenverantwortung ab. Und auch unsere spirituelle.

Sicherlich waren die Menschen zur Zeit der frühen Kirche nicht so gebildet wie heute, aber dennoch waren auch sie spirituelle Wesen und hatten ein spirituelles Wissen. Und sicherlich mag diese Ungebildetheit dazu geführt haben, dass sich die Menschen der Kirche beugten, noch dazu, als diese im Auftrag des Herrn (was für eine Lüge) auszog, um ihre Kreuzritter Ungläubige blutig niedermetzeln zu lassen. Da bleibt einem sicherlich nichts anderes übrig als sich zu beugen. Trotzdem hat alles, was jemals geschehen ist, seine Berechtigung und seinen Sinn.

Nicht nur jeder einzelne Mensch hat ein Bewusstsein, nein, auch jedes Land wie auch Mutter Erde selbst. Und alles zusammengenommen hat ein sogenanntes Kollektivbewusstsein.

Wenn also in einem Land Krieg herrscht, so gehört dieser Zustand zum Landeskollektiv. So wie sich der Mensch und seine Seele unterschiedlich entwickelt, so tun es auch die Länder.

Das ist der Grund, warum einige Länder oder Kontinente in unseren Augen unzivilisiert erscheinen. Und warum sich der weiße Mann in Unkenntnis darüber anmaßte, die in seinen Augen „Wilden“ unbedingt bekehren oder ihnen die Zivilisation nahebringen wollte. Was hat es gebracht? Außer Leid und Tränen bei den sogenannten Wilden? Und der Freude an Unterdrückung bei den Weißen? Aber lassen wir das...

Im sogenannten dunklen Zeitalter war es tatsächlich dunkel. Dunkel vor allen Dingen deswegen, weil der Mensch seiner Eigenverantwortung beraubt wurde. Leider sind die Ausläufer dieses Zeitalters immer noch zu spüren.

Den Bauern wird vorgeschrieben, was sie anzubauen haben und welches Vieh sie sich zu halten haben, bis dahin, dass man dem Obst „vorschreibt“, welche Größe es haben darf, damit es verkauft werden kann. Wo man hinsieht, Gebote, Verbote, Gesetze, Vorschriften und Regeln.

Die „Großen“ dieser Welt sind nach wie vor eifrig dabei, unsinnige Bestimmungen und Gesetze zu erlassen, – angeblich, damit die Gesellschaft auch funktioniert. Dennoch sehen wir weltweit eine tiefe Krise. Die musste zwangsläufig kommen, da es nicht mehr angebracht ist, so über sich und sein Leben bestimmen zu lassen. Alle diese unsinnigen Gesetzte und Vorschriften haben letztendlich nur dazu geführt, dass der Einzelne stillschweigend vollkommen entmündigt wurde.

Im neuen Bewusstsein ist der Samen der Erkenntnis ausgelegt, dass etwas mit den vorherrschenden Systemen nicht stimmen kann, und die Saat wird aufgehen.

Der Mensch, der solange vergessen hat, wer er wirklich ist, der Mensch, der so lange in seinem ganzen Wesen unterdrückt wurde, wird jetzt durch die Umstände wachgerüttelt. Er beginnt, sich zurückzubesinnen. Er hat keine Lust mehr auf das verlogene Außen (Politik, Wirtschaft und Kirche), zumal das ihm ja die heute wirtschaftlich schlechte Zeit beschert hat. Immer wenn es dem Menschen nicht gut geht, fängt er an, sich zu besinnen.

Gerade weil es heutzutage wirtschaftlich gesehen für viele an die Schmerzgrenze geht, hat diese Zeit sehr wohl ihren Sinn. Sie dient nicht dazu, in die Knie zu gehen, sondern aufzustehen.

Wird uns Menschen alles im Außen genommen, fangen wir an, nach innen zu schauen. Wir fangen an, die wahren Werte des Lebens zu entdecken, und vor allen Dingen entdecken wir, was in uns steckt. Viele Menschen haben diesen Weckruf schon verstanden. Sie verlassen sich nur noch auf ihre eigenen Kräfte und stellen Erstaunliches auf die Beine. Sie haben begriffen, dass man nur in der Gemeinschaft stark ist und wenden sich aus diesem Grund wieder ihren Mitmenschen zu.

Wir sind ja schizophrenerweise unmerklich dazu erzogen worden, niemandem mehr zu vertrauen, was dazu geführt hat, dass nicht einmal mehr alte Damen, die sich mit ihrem Einkauf sichtlich abschleppen, Hilfe annehmen, aus Angst, sie könnten ausgeraubt werden. Dabei täten wir gut daran, den vermeintlich „Großen" dieser Welt nicht zu vertrauen, sondern uns selbst. Dann wüssten wir auch, wer unsere Tasche über die Straße tragen darf und wer nicht.

Ebenso, wie wir getrost auf alle großen Religionen verzichten könnten. Alle Religionen dieser Welt entstammen einer Zeit, in der immer wieder Propheten auf die Erde kamen, um die Menschen daran zu erinnern, aus welcher Quelle sie kommen. Vieles von dem, was sie einst gesagt haben, ist schlicht und einfach falsch interpretiert oder nicht verstanden worden, und schon damals hatte der Mensch die Tendenz, nur das herauszuhören, was er hören **wollte.** Die katholische Kirche ist dabei so weit gegangen, dass sie die Heilige Schrift sogar mehrmals umgeschrieben hat. Ihr Anliegen war es, den Menschen Angst und Schrecken einzujagen, damit sie, so eingeschüchtert, brav den Kirchenfürsten folgten, anstatt sich direkt an Gott zu wenden.

So fing die Entmündigung des Menschen an. Fortan brauchte er einen Vermittler, wenn er mit Gott sprechen wollte.

Heute, in der Neuen Zeit, entdecken immer mehr Menschen, dass sie ganz alleine in der Lage sind, sich mit dem Göttlichen zu verbinden. Sie brauchen keine Vermittler mehr, um Gott nahe zu sein. Das haben wir übrigens nie gebraucht. Man hat es uns nur lange genug eingeredet.

Wenn wir uns daran erinnern, dass wir alle himmlische Wesen sind, die als Mensch verkleidet eine andere Existenz erfahren wollen, so ist es überhaupt keine Frage, dass wir uns aus uns selbst heraus mit Gott oder der Geistigen Welt verbinden können. Da genau dieses Bewusstsein immer weiter wächst, machen die Gegner der Eigenverantwortung mobil.

In Amerika gibt es neuerdings die „Jesus Armee“, die ihre Wurzeln im Fundamentalismus hat. Dort werden schon die Kleinsten darauf gedrillt, dass jeder, der sich nicht zum Christentum bekennt, ein verabscheuungswürdiges Wesen ist. Solche und ähnliche Organisationen entstehen schlicht und einfach aus Angst. Angst davor, in Zukunft keine Macht mehr über die Menschheit zu haben.

Das Spiel mit der Materie ist also nicht ungefährlich, denn es ist so echt, dass wir uns nicht vorstellen können, etwas anderes als nur ein Mensch zu sein. Dementsprechend verhalten sich auch manche Menschen so. Sie sind von einer Arroganz und Überheblichkeit, dass ich mich frage, ob sie nie daran denken, dass dieses Leben einmal vorbei sein wird.

Ein kluger Mensch hat einmal gesagt: „Lebe jeden Tag so, als wenn es dein letzter wäre“. Wer sich täglich in sein Bewusstsein ruft, dass dieses Leben nicht von Dauer ist, der erkennt das Wunder des Lebens und die Schönheit des anderen. Auf diese Weise entwickelt sich ganz selbstverständlich die Liebe zu Allem-was-ist, und man ist nicht mehr in der Lage, anderen Menschen ein Leid zuzufügen oder ihnen schnippisch oder verächtlich gegenüberzutreten.

Zudem verschieben sich sämtliche Wertvorstellungen. Dieser Satz: „Lebe jeden Tag so, als wenn es dein letzter wäre“, verschafft eine unendliche Klarheit. Menschen, die diesen Satz vor Augen haben, entdecken plötzlich, dass das Leben aus ganz anderen Aspekten besteht, als sie bis dahin angenommen hatten.

Gibt es irgendetwas in deinem Leben, ja dich habe ich gemeint, der du gerade diese Zeilen liest! Gibt es irgendetwas, was du schon immer einmal machen wolltest? Ja? Fein. Tue es! Tue es gleich, warte nicht darauf, dass du im Alter die Zeit dafür hast. Das Alter ist dazu da, sich auf die Rückkehr nach Hause vorzubereiten, und nicht, um in der Weltgeschichte herumzugondeln. Außerdem kann es dir passieren, dass du dein angestrebtes Alter gar nicht erreichst. Dann hast du dir deinen Traum völlig umsonst aufgehoben. Wäre doch schade, oder? Es gibt im Leben nichts zum Aufheben. Das Leben will immer im Hier und Jetzt gelebt werden.

Ich kenne Menschen, die sind nur mit ihrer Vergangenheit beschäftigt, und ich kenne genügend Menschen, die eifrig ihre Zukunft planen. Über all diese Gedankengänge vergessen sie vollkommen, im Hier und Jetzt zu sein. Daher kenne ich kaum Menschen, die es verstehen zu **leben**. Vor lauter Nachdenken über die Vergangenheit oder die Zukunft verstreicht der Augenblick. Dabei ist es immer der Augenblick, der unsere Zukunft legt.

Trauern wir unserer Vergangenheit nach, geben wir unsere Energie in etwas, das vorbei ist. Und zwar unwiderruflich. Wir verschwenden also völlig umsonst unsere kostbare Energie.

Plagen wir uns mit Zukunftssorgen, geben wir damit unserer Angst immer wieder neue Nahrung, und unsere Zukunft wird tatsächlich so, wie wir uns sie gedacht haben.

Ich kenne niemanden, der, wenn er für schlechte Zeiten gespart hat, dieses Geld dann nicht auch tatsächlich gebraucht hätte. Man hat sich darauf vorprogrammiert, dass schlechte Zeiten kommen werden, mit jedem Cent, den man auf die hohe Kante gelegt hat, und unweigerlich wird die schlechte Zeit zu einem kommen.

Schaffen wir es, im göttlichen Augenblick zu leben, also nicht mehr in der Vergangenheit zu schwelgen oder vor lauter Zukunftsängsten nicht mehr schlafen zu können, dann entstehen Stille und Vertrauen.

Jesu' Worte: „Siehe die Vögel am Himmel, sie säen nicht, sie ernten nicht und dennoch ernährt sie der Herr", gelten nicht nur für die Tiere. Sie gelten gerade auch für den Menschen.

Es gibt nichts, worüber wir uns Sorgen machen müssen. Wenn wir begreifen, dass alles, was uns widerfährt, richtig und gut ist, können wir mit Allem-was-ist gelassen umgehen.

Den Menschen, denen es wirklich schlecht geht, kann ich nur zum Trost sagen, dass sie einfach nur vergessen haben, dass sie sich diese Erfahrung selbst in ihren Lebensplan geschrieben haben.

Wir sind alle auf der Erde, weil wir Erfahrungen machen wollen. Menschen, denen es materiell schlecht geht, wollten vielleicht die Erfahrung der Armut machen, wahrscheinlich sogar mit der Auflage, nicht vom rechten Weg abzukommen. Andere wiederum haben sich diese Erfahrung in ihren Plan geschrieben, damit sie durch diese Umstände daran erinnert werden, dass es eine Kraft gibt, die ihnen helfend zu Seite steht.

Es gibt unzählige Möglichkeiten, warum Menschen sich die Armut auswählen, und sicherlich leiden sie ganz schrecklich darunter, aber bei allem Elend muss gesagt werden, dass vieles, was geschieht, auf spiritueller Ebene vorher so gewollt war. Natürlich ist immer genug Spielraum zur Verfügung, da wir alle von Gott unseren freien Willen geschenkt bekommen haben. Somit können wir uns hundertmal einen Lebensplan zurechtschreiben, wir haben immer das Recht, vollkommen davon abzuweichen, denn wir bekommen genügend Chancen, diesen Plan zu wiederholen.

Viele Seelen stellen sich sogar freiwillig zur Verfügung, arm zu sein, weil sie wissen, dass es der gesamten Menschheit zugutekommt. Und haben wir uns nicht schon verändert? Werden unsere Herzen nicht schon von den Schicksalen anderer berührt? Die Bilder, die uns über den Fernseher erreichen, haben unsere Herzen aufgeweicht.

Der nächste Schritt wird sein, das Leid in unserer unmittelbaren Nähe zu sehen und auch zu lindern.

Die Zeiten der runtergezogenen Rollläden werden vorbei sein. Menschen kommen aus ihrer Isolation heraus und nähern sich einander wieder an. Was zu einem ungeheuren Gemeinschaftsgefühl verhilft, denn unser fehlendes Gemeinschaftsgefühl ist für mehr Elend und Not verantwortlich, als wir glauben.

Wir mögen uns als Mensch individuell fühlen (was wir auch sind), aber trotzdem sind wir mit jedem anderem Menschen verbunden, weil wir alle aus einer Quelle stammen. Würde man seinen Geschwistern nicht auch bereitwillig helfen, wenn sie in Not geraten? So, wie man für seine Familienmitglieder immer ein offenes Ohr hat?

Wir brauchen diesen Gedanken nur auszudehnen...

Es ist also alles eine Frage der geistigen Gesinnung. Das Brot ernährt den Menschen, der Geist das menschliche Bewusstsein. Die Seele erhält ihre „Nahrung“ von der Liebe der Menschen und direkt aus der Quelle. Dies alles zusammen ergibt das Wunderwerk Mensch.

☆☆☆☆☆

Vom richtigen Umgang mit dem Wunderwerk Mensch

Wir wissen ja nun, dass wir als Menschen maskierte Lichtwesen sind. Unser Problem ist nur, dass wir zwar darum wissen, es aber kaum berücksichtigen. Das Menschsein ist uns so in Fleisch und Blut übergegangen, dass wir das Lichtwesen in uns außer Acht lassen.

Als Menschen funktionieren wir scheinbar ganz prima. Aber auf der einen Seite wird immer viel von der Individualität gesprochen, während auf der anderen Seite überhaupt keine Rücksicht darauf genommen wird.

Menschen haben unterschiedliche Bedürfnisse, und das von Anfang an ihres Lebens. Trotzdem gibt es für alle eine Einheitslösung.

Als Kinder haben wir um acht Uhr in der Schule zu sitzen und uns größtenteils mit einem Lernstoff auseinanderzusetzen, den kein Mensch später mehr braucht; danach müssen wir stundenlang Hausaufgaben machen, weil der Stoff es von uns fordert, und somit ist an Spielen kaum noch zu denken. Die Bedürfnisse eines Kindes sind aber nun einmal spielen, toben und auch träumen. Jedes Kind hat von Anfang an seine Stärken und seine Schwächen.

Anstatt nun die Stärken eines Kindes zu unterstützen, wird viel Zeit damit verschwendet, sich auf die Schwächen zu stürzen. So entstand ein lukratives Geschäft für Nachhilfelehrer. Es ist mir ein Rätsel, wie man auch nur auf die Idee kommen konnte, Schwächen zu unterstützen. Auch hier wird immer wieder nur derart unnötige Energie reingegeben, dass von einer Verbesserung nicht die Rede sein kann.

An dieser Stelle wird es Zeit, etwas von mir persönlich freizugeben.

Als sich mir die Welt der Buchstaben erschloss, als ich also das Alphabet erlernte, war ich vor Begeisterung nicht zu halten. Die Welt der Buchstaben war meine.

Ich entpuppte mich zu einer regelrechten Leseratte und nutzte jede Gelegenheit, um Bücher zu lesen. Bekam ich ein neues Buch geschenkt, was zu meiner Zeit nicht allzu oft passierte, hielt es mich nicht mehr in meinem Bett. Stand ich für gewöhnlich morgens um fünf auf, so befand ich mich nach Erhalt des neuen Buches morgens um vier schmökernd bei Milch und Stullen in unserem Esszimmer.

Meine Buchstabenleidenschaft beschränkte sich aber nicht nur aufs Lesen, sondern schlug sich auch im Schreiben nieder. Ich liebte es, Aufsätze zu schreiben, Referate auszuarbeiten, Gedichte und Kurzgeschichten zu verfassen. Das war meine Welt. Hinzu kam, dass ich ein Händchen für die Malerei hatte, das ich in der Schule weiter entwickelte, und so gab es zwei Dinge in meine Kindheit, die mir Freude machten und die ich für meine kindlichen Verhältnisse gut beherrschte.

Ganz anders sah es aus, als man mir die Welt der Zahlen vorstellte. Schnell war abzusehen, dass Zahlen mich so gar nicht anrühren konnten. Hielt ich mich Anfangs noch bei der Note: „Befriedigend“ (also einer Drei), so rutschte mit Hilfe meiner Nachhilfelehrerin, meiner Mutter, mein Notenstand immer mehr in den Keller.

Je mehr meine Mutter versuchte, mir ein Verständnis für die Zahlenwelt zu vermitteln, was sich in quälend langweiligen und langen Nachhilfestunden mit ihr niederschlug, umso schlechter wurde ich. Mit dem Erfolg, dass ich am Ende meiner Schulzeit geradeso eine Fünf auf meinem Abschlusszeugnis hatte. So viel zu meiner mathematischen Begabung.

Ich bin mir absolut sicher, hätte meine Mutter ihr Augenmerk auf meine Talente gesetzt, wäre uns manche Verzweiflung erspart geblieben. So hatte sie aber beschlossen, mir etwas vermeintlich Gutes zu tun und mir auf die Sprünge zu helfen. Was ich zu dem Zeitpunkt aber überhaupt nicht wollte und als ganz schrecklich empfand. Schließlich musste ich meine kostbare Freizeit dafür opfern, was für mich bedeutete, erst danach wieder zu meinen Büchern greifen zu können.

Das Ergebnis dieser Aktion war, dass ich vollkommen dicht machte und in den Mathematikstunden gar nicht mehr zuhörte. Stattdessen entstanden meine schönsten Bilder im Mathematikunterricht...

Trotzdem hatte ich immer wieder mit Zahlen zu tun. Sei es in meinem Berufleben als Serviererin, Verkäuferin oder im Zuge meiner spirituellen Arbeit. Die Numerologie war und ist für mich eins der faszinierendsten Systeme, und das Wissen darum, dass sich das Universum anhand der Mathematik erklären lässt, hat schon was für sich. Dennoch werde ich wohl in diesem Leben keinen wirklichen Bezug mehr zu Zahlen finden.

Hätte meine Mutter mein Talent zum Schreiben unterstützt, also mir zum Beispiel bei der Berufswahl etwas empfohlen, das mit Schreiben zu tun gehabt hätte, oder mich auf eine Zeichenschule geschickt, wären meine Talente gefördert worden, und ich hätte nicht so lange gebraucht, mir die Techniken selbst anzueignen.

Soviel dazu, dass man ausschließlich die Talente eines Menschen fördern sollte.

Jede Seele kommt mit mindestens einem Talent auf die Welt, das es zu fördern gilt. Diese Talente dienen dazu, sich irgendwann einmal davon ernähren zu können. Deswegen ist die Talentförderung so wichtig.

Ein weiter Aspekt ist, dass das, was man sowieso schon mitgebracht hat (also das Talent), garantiert etwas ist, das einem auch Freude macht. Wer mit Freude seinen Beruf ausübt, hat schon einmal einen Hauptquell seines Wohlbefindens.

Tatsächlich ist also Umdenken angesagt. Nicht die Schwächen sollten **gefördert** werden (sinnigerweise heißt es auch noch Förderunterricht, womit wohl die letzten Zweifel ausgeräumt sind, was das Fördern von Schwächen anbelangt), sondern vielmehr sollten die angeborenen Talente unterstützt werden.

In jedem Menschen spiegelt sich die Dualität wider. Und so kann man oft beobachten, dass mathematisch begeisterte Menschen als Ausgleich nicht viel von Rechtschreibung oder dem geschriebenen Wort halten und umgekehrt.

Natürlich gibt es Ausnahmen. Wie auch dem einen oder anderen durch Förderunterricht tatsächlich geholfen werden konnte. Feste Richtlinien scheint es nicht zu geben. Aber feste Richtwerte.

Wenn man tatsächlich jeden Menschen als Individuum sieht, dann sollte auch jeder Mensch so behandelt werden. Warum zum Beispiel gibt es keine zwei Schulsysteme? Warum fangen immer alle Unterrichtsstunden in den frühen Morgenstunden statt? Für Frühaufsteher ist dies sicherlich kein Problem, aber was ist mit all den Nachteulen, die man abends ins Bett zwingen muss, damit sie morgens für die Schule ausgeschlafen sind? In den wenigsten Fällen sind sie es tatsächlich, und Abend für Abend erleben Eltern wie Kinder den gleichen Stress.

Morgens geht es mit dem Stress gleich weiter, weil die vermeintliche Schlafmütze so gar nicht aus dem Bett will. Haben die „Großen“ dieser Welt schon einmal etwas von einem Biorhythmus gehört? Nein? Ich denke schon, dass das Wissen darum vorhanden ist, aber es wird keine Rücksicht darauf genommen. Jeder Mensch unterliegt seinem eigenen Biorhythmus, und wenn er Zeit seines Lebens dagegen lebt, trägt das zu erheblichen Problemen bei.

Wäre es denn so schwierig, Schulen und auch Arbeitsplätze zu schaffen, die unterschiedliche Anfangszeiten hätten? Wobei einige Firmen mit gutem Beispiel vorangehen. Sie haben schon die sogenannten Gleitzeiten, und es funktioniert bestens. Gerade Firmen sollten doch ein Interesse daran haben, wäre es ihnen doch dadurch möglich, rund um die Uhr zu produzieren.

Die Idee, alle einheitlich zu behandeln, ist ebenso absurd, wie weltweit die gleiche Zeit einführen zu wollen. Zwar sind wir alle Menschen, aber dennoch mit unterschiedlichen Bedürfnissen. Alles unterliegt dem Biorhythmus, der Mensch, das Tier, die Pflanze, Mutter Erde, Sonne, Mond, Sterne usw. Und gerade der Mensch sollte in seinem Rhythmus leben dürfen. Das würde der Kreativität erheblich auf die Sprünge helfen.

Die Welt selbst zeigt uns anhand der Zeitzonen, dass sie nicht in einen Sack zu stecken ist. Und wie im Großen, so auch im Kleinem.

Da wir uns gerade mit den weltlichen Dingen befassen, komme ich unweigerlich wieder auf den Menschen zurück. Ich sagte ja schon, dass wir mehr sind als „nur" ein Mensch. Und, ehrlich gesagt, kann ich diesen Umstand nicht oft genug wiederholen.

Aufgrund unserer jahrtausendwährenden Amnesie haben wir uns nur noch als Menschen gesehen. Wir waren so gefangengenommen und verwurzelt in der Materie, dass wir unseren wahren Ursprung nicht nur vergessen, sondern sogar weit von uns gewiesen haben.

Oft genug treffe ich auf Menschen, die von Gott oder von ihrer eigenen Spiritualität nichts wissen wollen. Ihr Verstand hat all dies ausgeklammert. Und trotzdem, wenn ich mich auf eine Begegnung einlasse, stelle ich immer wieder fest, dass es sehr wohl spirituelle Seiten an diesen Menschen zu entdecken gibt und sie sehr wohl, wenn auch nicht an Gott, aber doch an eine alles hervorbringende Kraft glauben. Sieh an.

Auch wenn sich ein Mensch verstandesgemäß nicht dessen bewusst ist, ist er doch im Besitz einer Seele, die ganz genau um all diese Dinge weiß. Von daher liebe ich es, auf einen sogenannten ungläubigen Thomas zu treffen.

Der Mensch ist ein Zusammenspiel der Materie und des Feinstofflichen: Körper, Geist und Seele. Alles sollte miteinander harmonieren. Wird zum Beispiel, wie in unserer Gesellschaft üblich, immer wieder die Seele vernachlässigt, kommt es früher oder später zu Krankheiten. Treiben wir mit unserem Körper Raubbau, leidet die Seele ebenfalls. Es ist, als wenn wir auf einen Selbstvernichtungsknopf gedrückt hätten und die körperliche Zerstörung ihren Lauf nehmen kann.

Ebenso fatal ist es, gedanklich, also geistig, immer auf der gleichen Spur zu bleiben. Wer an einmal erlernten Dogmen oder Glaubenssätzen festhält, wer sich allein an seine Weltanschauung klammert und sie für die alleinig Seligmachende hält und sie überall durchsetzen möchte, der wird unweigerlich als Antwort darauf geistig oder körperlich erkranken. Die einen bekommen zum Beispiel Alzheimer, die anderen Gicht.

Während bei Gicht befallenen Menschen die Seele immer noch im Körper wohnt, weil sie noch hofft, der Mensch möge sich besinnen, so hat die Seele im Fall von Alzheimer ihr Bündel weitestgehend gepackt und ihr Zuhause verlassen. Sie hinterlässt vielleicht noch einen Zettel mit ihrem Namen, aber das war es dann auch schon. Es hängt immer mit dem Bewusstseinsstand der Seele zusammen, ob sie noch zu Lebzeiten von einem menschlichen Körper Abschied nimmt oder nicht.

Tut sie es, wie das bei Alzheimer der Fall ist, so weiß sie, dass sie den menschlichen Verstand nicht mehr positiv beeinflussen kann. Sie sieht keine Chance, sich Gehör zu verschaffen, und weil sie selbst nicht krank werden möchte, zieht sie es vor, den Menschen mit einem Minimum ihrer Energie zurückzulassen. Zu solchen Erkenntnissen kann nur eine reife und alte Seele kommen.

Die vielzitierte Hölle befindet sich also doch hier auf der Erde. Und zwar für die Menschen, wie auch für die Seelen.

Wir wissen ja schon, dass alles, was im Außen zu finden ist, auch in uns selbst liegt. So wie wir gute Seiten haben (die Seele), so beherbergen wir auch die schlechte Seite in uns (unser Reptiliengehirn und unseren Verstand).

Der Verstand ist der größte Widersacher der Seele, aber auch des Menschen, weil dieser es oft genug vorzieht, lieber auf den Verstand zu hören als auf die feine Stimme seiner Seele. Somit leistet die Seele äußerste Schwerstarbeit.

Krankheiten, die einen Menschen befallen, wurzeln (außer denen, die umweltbedingt entstehen) alle im Leid der Seele. Außer unseren Haustieren, die sich uns Menschen bis zur völligen Selbstaufgabe angeschlossen haben, gibt es keine Tierart, die an Krebs oder ähnlichen Krankheiten leidet.

Krankheiten sind immer ein Ausdruck einer vernachlässigten Seele und/oder eines vernachlässigten Lebens.

Und das Leid fängt immer früher an. Wir sehen es an unseren Kindern.

Das dunkle Zeitalter war auch das Zeitalter der Materie. Menschen haben schwere körperliche Arbeit geleistet, ebensolche schwere Nahrung zu sich genommen, den Geist aber vollkommen vernachlässigt. Somit lag auch über ihrem Geist eine bleierne Schwere. Lesen und Schreiben konnten nur die Gelehrten und Theologen. Und um das wahre Seelenheil eines Menschen kümmerte sich niemand.

Danach wurden die Zeiten heller. Die Technik hielt Einzug, was das Leben enorm vereinfachte, jedermann durfte zur Schule gehen, was den Geist belebte, aber immer noch verstanden es die Kirchen, dafür zu sorgen, dass der Mensch sich nicht wohl in seiner Haut fühlte. Anstatt der Seele des Menschen ebenfalls Auftrieb zu geben, wurde Sonntag für Sonntag die aufkeimende Lebensfreude wortgewaltig zunichte gemacht.

Der Wandel kam in den sechziger/siebziger Jahren.

Es war, als wenn die Menschen erstmalig begriffen hätten, dass sie mehr sind als das, was sie bisher kennengelernt hatten. Sie fingen an, gegen die Gesellschaft zu protestieren. Sie lehnten sich gegen die bestehenden Systeme auf. Sie wollten frei sein von allen Zwängen. Es war, als wären sie plötzlich erwacht.

Man orientierte sich plötzlich an anderen Glaubenssystemen wie dem Hinduismus, und die Jugend sang völlig begeistert ihr Hare Krishna. Liebe war das Zauberwort, und jeder liebte jeden.

Auf der Höhe dieser Bewegung schaltete sich dann aber wieder der menschliche Verstand ein. Er war zumindest so clever, den Menschen zuzugestehen, dass sie sich nun genug ausgetobt hätten, aber dass es jetzt an der Zeit wäre, wieder normal zu werden. Somit war es mit Love and Peace vorbei. Geblieben ist aber die Sehnsucht.

Wer einmal frei war, wird sich immer nach der Freiheit sehnen. Auch wenn viele Menschen nach außen sehr angepasst waren, blieben sie in ihrem Herzen die Pioniere der Neuzeit. Ihrer Sehnsucht haben wir die Neue Zeit zu verdanken.

Und entgegen aller Unkenrufe sämtlicher Seher ist Mutter Erde nicht explodiert, und die Menschheit existiert immer noch. Das hat mit dem enormen Bewusstseinsanstieg der Menschen zu tun. Und hier schließt sich der Kreis.

Die Geistige Welt, die einmal auszog, ein großes Experiment zu wagen, stellte zu diesem Zeitpunkt fest, dass es gelungen war.

Das Experiment war, wenn man so will, in trockenen Tüchern. Ab diesem Zeitpunkt ist der Schleier zwischen Diesseits und Jenseits immer lichter geworden. Die Menschen wurden nun nach Kräften unterstützt.

Dazu kommt, dass auch die Seelen gewachsen sind. Während sie sich im Säuglings- und Kindesalter nicht daran erinnern konnten, wer sie wirklich sind, so haben sie mit der Zeit ihre Erinnerung zurückerhalten. Und genau dieser Tatbestand führt dazu, dass Menschen heutzutage an allen möglichen Störungen leiden.

Jede Störung ist ein Alarmsignal der Seele. Wird sie überhört, manifestiert sich die Störung im Körper und legt sich früher oder später als Krankheit nieder.

Wenn also eine Krankheit von der Seele ausgelöst wird, dann müssten folgerichtig Krankheiten durch Zuwendung an die Seele wieder geheilt werden können.

Genauso ist es.

☆☆☆☆☆

Störungen/Krankheiten

Bevor ich mich dem Thema Krankheit widme, möchte ich hier noch einmal anmerken, dass es sehr wohl umweltbedingte Erkrankungen gibt, die nichts, aber auch gar nichts mit einer seelischen Störung zu tun haben.

Hier möchte ich aber nur von den Krankheiten sprechen, die ihren Ursprung in der Seele haben. Es ist also kein Widerspruch, wenn ich unter dieser Vorraussetzung betone, dass allen Krankheiten eine seelische Ursache zugrunde liegt.

Erkrankt ein Mensch, so stecken in der Regel Verstöße gegen die Seele oder gegen das Leben selbst dahinter.

Ein Mensch, der zum Beispiel unter seinem Arbeitsplatz leidet und nicht in der Lage ist, sich einen besseren zu besorgen, lebt oft jahrelang gegen seine Wahrnehmung und damit gegen seine innere Wahrheit. Er fühlt mit allen Sinnen, dass ihm das Arbeitsklima nicht bekommt, oder dass die Arbeitsbedingungen ihn nicht mehr ausfüllen oder ihn sogar überfordern, die Kollegen haben vielleicht auch noch alle etwas gegen ihn, und alle diese Schwingungen nimmt er auf. Dementsprechend fühlt er sich immer unwohl. Im übertragenen Sinne heißt das, dass er ständig auf einem unteren Energielevel lebt.

Wer sich nicht wohl fühlt, erleidet auf energetischer Ebene erhebliche Verluste und lebt somit manchmal jahrelang auf Reserve.

Genau wie wir unsere Autos nicht auf Dauer auf Reserve fahren lassen können, weil sie dann nämlich einfach stehenbleiben, so ergeht es einem Menschen, der sich so überfordert fühlt wie oben beschrieben.

Wenn dieser Mensch dann auch keinen Halt in der Familie oder im Freundeskreis findet, ist der energetische Absturz vorprogrammiert. Wobei dieser in den meisten Fällen so oder so kommen wird.

Wir wissen, dass der Mensch weitaus mehr ist als nur ein Mensch. Menschen sind, um es vereinfacht darzustellen, eingepackte Energiebündel. Und so wie Maschinen Energie (Strom) brauchen, damit sie funktionieren, so braucht auch der Mensch Zeiten, in denen er sich auftanken sollte. Und genau da liegt das Problem.

Wir sind uns immer noch nicht ganz dessen bewusst, was und wer wir wirklich sind. Wir sind immer noch so gefangen in der Materie, dass wir doch tatsächlich denken, das Leben bestünde nur aus dem, was wir sehen können. So ist es für uns eine Selbstverständlichkeit geworden, immer gegen unsere Empfindung zu leben. Wir überhören dadurch die Signale unseres Körpers, aber auch die Signale der Seele.

Wir lernen schon als Kinder, dass wir uns die ungeliebte Küsserei von Tante Helga gefallen lassen müssen (ist ja schließlich die Erbtante), und früh lernen wir, dass wir des schnöden Scheins wegen oft Dinge tun müssen, die wir nicht wollen. So gehen wir später (zähneknirschend) zu gesellschaftlichen Einladungen, obwohl wir viel lieber bei einem Gläschen Wein zu Hause bleiben würden, oder ärgern uns Tag für Tag über Frau Meier von nebenan, die ein Händchen dafür hat, sich immer selbst zum Kaffee einzuladen.

Des lieben Friedens willen verkneift man sich einiges. Schön, dass jeder dafür sorgt, dass der andere seinen Frieden hat! Wie aber sieht es im eigenen Inneren aus? Da kocht und brodelt es. Und gleich einem Wasserkocher schaltet der Körper sich irgendwann einfach ab. Das ist die Notbremse, die unsere Seele zieht. Will der Mensch partout nicht auf sie hören und betreibt weiterhin seinen körperlichen und seelischen Raubbau, so hat die Seele keine andere Wahl, als mit dem Holzhammer zu kommen.

In meiner ganzen Laufbahn als spirituelle Lebensberaterin ist mir immer wieder gezeigt worden, dass es die Seele ist, die bei Störungen auf sich aufmerksam machen will. Wird der Seele Gehör geschenkt, dann ist Heilung möglich. Der Mensch ist dafür ausgelegt, heil zu sein. Krankheiten waren in der Schöpfung nicht vorgesehen. Trotzdem hat die Schöpfung drei Möglichkeiten zugelassen, bei Störungen Abhilfe zu schaffen.

Zum einen hat der menschliche Körper Selbstheilungskräfte mitbekommen, zum anderem ist Heilung Kraft des Geistes, also Kraft der Gedanken, möglich, und zum dritten kann jeder Mensch sein Höheres Selbst, also die Seele selbst, darum bitten, ihn zu heilen. Am wirkungsvollsten ist es natürlich, alle drei Hilfsmethoden zu aktivieren.

Das Wichtigste aber, und womit man immer anfangen sollte, ist, seine Geisteshaltung zu ändern. Wer von einer Krankheit befallen ist, sollte der Ursache auf den Grund gehen. Es gibt heutzutage genügend Menschen, die den Menschen als Einheit sehen und sich auch dementsprechend um ihn kümmern.

Ärzte mit Naturheilpraxen, Heilpraktiker, spirituell arbeitende Psychologen und Therapeuten, Kinesiologen, Cranio Sakral Therapeuten sind nur einige von vielen ganzheitlich arbeitenden Menschen. Außerdem lassen sich genügend Bücher über Krankheiten und ihre Entsprechung zum seelischen Zustand finden.

Wenn die Ursache des Leidens herausgefunden wurde, muss sich der Betroffene fragen, was er zukünftig in seinem Leben ändern möchte. Denn genau darum geht es. Um Hinschauen und Verändern. Wenn man so will, muss man sich neu programmieren. Ist keine Bereitschaft zur Veränderung da, wird oft keine oder nur eine unvollständige Heilung erzielt. Es kann passieren, dass die Krankheit zwar verschwindet, dafür aber an anderer Stelle quasi in neuem Gewand daherkommt.

Viele Menschen haben einfach Angst davor, sich und ihr Leben zu verändern. Einen großen Teil von dem aufzugeben, das sie über Jahre begleitet hat und sie aus dem FF kennen, fällt schwer. Und mag es auch noch so schlecht sein, sie fühlen sich damit in Sicherheit. Das alles aufzugeben bereitet den meisten Probleme. Viele winken an diesem Punkt ab. Nein, danke, etwas ändern? Da bleibe ich doch lieber krank! Sie haben schlicht und einfach Angst vor dem Neuen, Unbekannten. Zudem gibt es bei Menschen das Phänomen, dass sie mit einer Krankheit durchaus kokettieren.

Gerade bei alleinstehenden älteren Menschen ist dies häufig zu beobachten. Nicht selten greifen sie zur Krankheit, damit man sich um sie kümmert. Auf diese Weise können sie sich sicher sein, dass immer einer von der Familie um sie herum ist.

Ist es nicht traurig, dass Menschen zu solchen Mitteln greifen müssen, nur um Zuwendung zu erhalten? Und ist es nicht traurig, dass wir verlernt haben, uns um den anderen zu kümmern? Das hat mit der Vereinzelung zu tun, die auch noch von der Wirtschaft und der Politik unterstützt wurde. Wohnungen wurden immer kleiner, und so war für die älteren Menschen kein Platz mehr in den Familien.

Jeder lebte plötzlich für sich alleine, und anstatt in ihren Familien alt werden zu dürfen, wurden alte Menschen ersatzweise in Altenreservate (Sorry, aber nichts anderes sind unsere Altenheime, und wenn sie noch so klangvolle Namen haben) gesteckt. Niemand fühlte sich mehr für den anderen verantwortlich. Nicht einmal mehr für die eigenen Eltern.

Wie kommt es nur, dass gerade in der heutigen Zeit so viele alte Menschen gepflegt werden müssen? Früher ist der Mensch ja schließlich auch alt geworden, aber in der Geborgenheit der Familie. Außerdem war in früheren Zeiten die Verbindung zu Mensch und Natur vollkommen intakt.

Zum Teil liegt es sicherlich an der immer besser gewordenen medizinischen Technik und der Pharmaindustrie. Denn beides verlängert oft unnötig das **LEIDEN**. Nicht das Leben wohlgemerkt! Zum anderen Teil erkranken viele alte Menschen, weil sie sich unnütz fühlen und ihnen Geborgenheit fehlt. Und ein wichtiger Aspekt ist, dass auch sie die meiste Zeit ihres Lebens gegen ihr Höheres Selbst gelebt haben.

Wenn all dies zusammenkommt, kommt es zu all den schwierigen Pflegefällen, die wir heute zu betreuen haben. Ich sagte ja schon, der Mensch ist mehr als „nur" ein Mensch.

In früheren Zeiten, da wusste der gute alte Hausarzt intuitiv, was dem Menschen fehlte. Vor allen Dingen wusste er, was das seelische Problem dahinter war, und deswegen hatten diese wunderbaren Ärzte mit ihren manchmal merkwürdig anmutenden Ratschlägen („Gehen Sie täglich eine Stunde spazieren") so große Erfolge.

In der Neuzeit wurde der gute alte Hausarzt wegrationalisiert und Spezialisten traten auf den Plan. Diese hatten sich, jeder für sich, auf nur **ein** Symptom spezialisiert und ließen den restlichen Körper vollkommen außer Acht. Das ist im Grunde genommen schon verantwortungslos zu nennen, denn so, wie der Mensch eine Einheit aus Körper, Geist und Seele ist, so ist auch der Körper eine Einheit.

Wer Herzschmerzen hat, muss noch lange nicht vor einem Herzinfarkt stehen. Ebenso kann er sich einen Brustwirbel eingeklemmt haben oder schlicht und einfach an Liebeskummer leiden.

Wie viele Menschen sind von Kopfschmerzen befallen? Bekannterweise die Volkskrankheit Nr. 1. Sitzt der Auslöser des Schmerzes nun aber wirklich im Kopf? Hinterfragt das jemand? Meistens nicht. Bereitwillig werden Tabletten verschrieben oder gekauft, ohne sich die Mühe zu machen, weiterzuschauen. Kopfschmerzen können ihre Ursache durchaus im Magen oder im Darm haben. Genauso gut kann ein zu hoher Blutdruck dafür verantwortlich sein, oder auch eine beginnende Diabetes. Wie auch einfach nur Verspannungen zu Kopfschmerzen führen können. Ursachen dafür gibt es unendlich viele, und es sollte hier nur aufgezeigt werden, dass bei jeder Krankheit immer die Zusammenhänge des Körpers mit einbezogen werden sollten. Da haben uns die Asiaten einiges voraus.

Es wundert mich schon, dass Deutschland, das ja so gerne alles kopiert (zumindest, wenn es aus Amerika kommt), sich nicht oder nur schwer dazu aufraffen kann, die hilfreichen und positiven Dinge anderer Länder anzunehmen. Stattdessen klammert es sich bis heute an das 1936 erlassene Heilpraktikergesetz. Unglaublich!

Sicherlich ist ein Schutz vor Scharlatanen angemessen, aber alle diejenigen, die sich auf Heilen verstehen, werden durch dieses Gesetz ausgebremst.

Da wir es in der Mehrzahl mit reifen und alten Seelen auf der Erde zu tun haben, wird die Zahl der Menschen, die schon mit Heilfähigkeiten geboren werden, immer größer. Früher oder später muss dieses unsinnige Gesetz also fallen, denn es gibt noch ein anderes: „Wer heilt, hat recht!" Aber selbst der beste Heiler kann nichts ausrichten, wenn die Seele einer Heilung nicht zustimmt.

Wobei ich hier einmal ein Wörtchen über die Heiler verlieren möchte. Wer glaubt, dass Heiler tatsächlich heilen können, der irrt gewaltig. Kein Heiler heilt aus sich selbst heraus. Vielmehr verbinden sich die Heiler mit der Quelle und sind somit in der Lage, heilende Energie an kranke Menschen weiterzuleiten. Diese Energie wiederum vermag es, die Selbstheilungskräfte anzuregen.

Es kommt nicht nur darauf an, wie gut ein Heiler sein Handwerk versteht, nein, ganz entscheidend für den Prozess einer Heilung ist der Wille, gesund zu werden, aber auch die bloße Zuwendung.

Kinder, die krank geworden sind, werden viel, viel schneller gesund, wenn sie liebevoll betüddelt werden. Überlässt man sie sich und ihrer Krankheit, dauert die Heilung erheblich länger. Ebenso verhält es sich mit den Erwachsenen. Zuwendung, und zwar liebevolle, ist gefragt.

Viele Ärzte sind so überlaufen, dass sie nicht einmal mehr Zeit haben, ihren Patienten die Hand zu schütteln, geschweige denn, die Zeit für ein Gespräch finden. In der Regel sagt der Patient, was ihm fehlt, und der Arzt verschreibt ein Mittel. Auf zum nächsten...

Man mag es nicht glauben, aber zu erleben, dass sich ein Arzt um einen Kranken kümmert, aktiviert schon die Selbstheilungskräfte bei diesem. Dieses Phänomen ist keineswegs neu, sondern hinreichend bekannt. Es gibt Tausende von Placebos auf dem buntern Markt der Pharmaindustrie, und sie alle wirken!!!! In diesen Pillen sind nicht einmal Spuren von einem Wirkstoff, und dennoch verhelfen sie zur Heilung. Womit wieder einmal bewiesen ist, dass der Glaube Berge versetzt. Allein die Geisteshaltung vermag zu heilen. So, wie man Kraft seiner Gedanken wieder gesund werden kann, so kann man sich auch viele Krankheiten einreden.

Wenn ich als Kind der Meinung war, ich könnte wieder einmal eine Extraportion Zuwendung gebrauchen, habe ich mir einfach eine Erkältung gewünscht. Und die kam immer! Schon wurde ich mit einer Wärmflasche ins Bett gesteckt, bekam heiße Milch mit Honig, ein neues schönes Buch und unendlich viele liebevolle Streicheleinheiten von meiner Mutter. Das war für mich wie Weihnachten.

Um meine Handlungsweise nachvollziehen zu können, muss man wissen, dass wir sechs Kinder zu Hause waren.

Krankheiten haben ihre Ursache also, wenn man so will, im Mangel. Es ist der Mangel an Liebe, der uns alle krank werden lässt. Und so ist es kein Wunder, dass in unserer so lieblos gewordenen Gesellschaft die Menschheit immer kränker wird. Der Mensch hat nur noch zu funktionieren, die Bedürfnisse interessieren nicht mehr, geschweige denn das Interesse am Einzelnen.

Wir leben in einer technisierten Welt und dazu in einer rasanten, schnelllebigen Zeit. Sie zieht so schnell an uns vorbei, dass wir kaum noch mitkommen.

Wir sind so darauf bedacht, und in gewisser Weise werden wir ja auch alle dazu gezwungen, dieses Tempo mitzumachen, dass keine Zeit mehr für uns übrig bleibt. Und so leben wir in den heutigen Familien und Gesellschaften anstatt miteinander nur noch nebeneinander. Außerdem verstehen wir es nicht mehr zu leben.

Wir sind nicht auf der Welt, um uns der Hektik zu ergeben. Wir sind auf der Welt, um als Lichtwesen die Materie zu erfahren. Und wir sind hier, um uns daran zu erinnern, dass wir Lichtwesen sind. Wir alle tragen dieses Wissen in uns, ob es uns bewusst ist oder nicht, spielt keine Rolle. Unsere Seele weiß es, und sie wird traurig und krank, wenn wir dies nicht in unser menschliches Bewusstsein integrieren. Jeder Einzelne sollte sofort aufhören, sich so lieblos zu behandeln!

Wie viele Beziehungen sind im Grunde genommen eine Katastrophe? Wie viele Arbeitsplätze sind eine Zumutung? In wie vielen Familien herrscht das reinste Chaos? Wie viele greifen vor lauter Verzweiflung zu Drogen? Oder eben zu Krankheiten.

Wenn ihr niemanden in eurem Umfeld habt, der liebevoll mit euch umgeht, wartet nicht darauf, dass die Liebe von außen kommt. Schöpft sie aus eurem eigenen Inneren. Fangt an, euch selbst zu lieben. Dafür, dass ihr das Wagnis Mensch auf euch genommen habt, und dafür, dass ihr das seid, was ihr seid.

Jeder von euch ist einzigartig. Auf der ganzen Welt gibt es nur einen Menschen, der so ist wie ihr. Das alleine sollte schon Grund genug sein, sich selbst zu verwöhnen.

Gönnt euch Auszeiten. Gebt eurer Seele ihren Raum. Lasst sie öfter baumeln und verwöhnt eure Sinne. Sucht die Stille. Fangt an, euch zu entdecken.

Erkennt, dass ihr einzigartige Wesen seid, die alles, was sie zum Leben brauchen (zum Leben wohlgemerkt, nicht zum Verheizen), in sich tragen.

Krankheiten weisen darauf hin, dass ihr an eurem, in der Quelle selbstgewählten Lebensplan vorbeilebt. Krankheiten sind immer die Stimme eures Seelenpotenzials.

Hört auf, die Stimme eurer Seele mit Tabletten, Alkohol und anderen Drogen zum Schweigen zu bringen. Hört auf, ständig gegen eure innere Wahrheit zu leben.

Fangt an, euch selbst zu heilen!
Es ist gar nicht so schwer!
Fangt an, euch selbst zu lieben!
Und zwar für alles, was ihr seid!

☆☆☆☆☆

Rhythmus des Lebens im Einklang mit den Tierkreiszeichen

Wenn wir geboren werden, sind wir ein Bündel Mensch, der eine Seele in sich birgt.

In den Augen unserer Kinder können wir die klare reine Seele erkennen. Nicht umsonst rühren uns Kinderaugen so an. Am liebsten möchten wir darin versinken. Jedes Mal, wenn ein Kind zur Welt kommt, erinnert es uns an unseren eigenen Ursprung. Wir blicken in die Augen unserer Kinder und werden von einer unbeschreiblichen Liebe erfüllt. Wir interpretieren es als die Liebe zum Kind. Also als ganz natürliche Elternliebe. Die, so meinen wir, ist ein angeborener Instinkt, damit Kinder eine Überlebenschance haben.

Es tut mir Leid, wenn ich jetzt an dieser Stelle sagen muss: falsch! Wären wir Menschen tatsächlich mit diesem Instinkt ausgestattet, gäbe es auf der ganzen Welt kein einziges Elternpaar, das sich jemals an seinen Kindern vergreifen könnte.

Vielmehr überströmt uns die Erinnerung an zu Hause. Ein Kind kommt direkt aus der Quelle, also aus der Liebe, nach der wir uns immer sehnen. Schaut es uns in die Augen, so ist es ein Kontakt von Seele zu Seele. Das Kind schenkt uns ohne Vorbehalte und Zurückhaltung eine Erinnerung an das, was wir in Wahrheit sind.

Ein Kind ist Liebe pur, und diese Liebe, die dieses Kind verströmt, bringt unsere Seele zum Klingen. Sicher ist auch viel Freude über den Nachwuchs vorhanden, aber diese

Freude ist nicht für das unendliche Glücksgefühl verantwortlich. Das schafft die mitgebrachte Liebesenergie eines Kindes. Die Seele des Kindes lässt unsere Seele in der göttlichen Liebe baden. Und das ist immer ein magischer Moment.

Unmerklich für uns findet auf der Seelenebene ein Austausch statt. Wie bei Freunden, die sich nach Jahren zum ersten Mal wieder sehen, findet auf höherer Bewusstseinsebene eine freudige Begrüßung statt. Man liegt sich in den Armen, mag sich gar nicht mehr loslassen und erzählt sich gegenseitig, was auf den unterschiedlichen Ebenen passiert ist. Das kann Tage dauern!

Nun sind Frauen ja schon immer spiritueller gewesen und zum Teil auch heute noch, so dass mancher Vater über die Verbindung von Mutter und Kind eifersüchtig werden konnte. Zu Recht.

Väter spürten, ohne eine Erklärung dafür zu haben, dass etwas ganz Besonderes geschah. Natürlich konnten weder die Mütter noch die Väter eine Erklärung dafür finden, dennoch störte es die Väter immer mehr, dass ihre Frauen von einem seltsamen Glanz umhüllt und innig mit ihren Kindern verbunden waren. Intuitiv wussten sie, dass etwas ganz Zauberhaftes passierte, an dem sie als Vater keinen Anteil hatten. Immer mehr wollten sich nicht mehr aussperren lassen, und so durften auch sie in die Kreissäle und Anteil an diesem ersten magischen Moment nehmen. Gott sei Dank!

Wie ich schon sagte, kann die Begrüßung Tage dauern, und das tut sie in der Regel auch. Schließlich hat man sich auf energetischer Ebene eine Menge zu erzählen.

Sind alle Neuigkeiten ausgetauscht, wendet sich die Seele des Kindes ihrer Aufgabe zu. Mehr und mehr versinkt sie in der Materie Mensch, und auch die Mutter scheint langsam wieder in die Wirklichkeit zurückzukommen. Das tut weh. Gerade noch durfte sie in der ihr so bekannten Energie baden, mit ihrem Ursprung verschmelzen, da heißt es schon wieder: Genug geschwelgt, nun widmet euch wieder euren menschlichen Aufgaben.

Je mehr sich die kindliche Seele zurückzieht, umso trauriger wird die Mutter, was zu den allseits bekannten Wochenbettdepressionen führt. Wer ist nicht traurig, wenn er sich verabschieden muss? Wenn man sich dann noch aus so einer magischen Verschmelzung lösen muss, ist das noch trauriger, als wir uns das vorstellen können. Aus einem Menschen oder, besser gesagt, aus einer Seele werden wieder zwei.

Da viele Mütter nach der „Trennung" regelrecht depressiv werden, gibt man ihnen je nach Schweregrad Antidepressiva. Ärzte erklären diesen Zustand als hormonell bedingt und sehen nicht, was wirklich dahinter steckt. Wie können sie auch, wenn es ihnen niemand sagt?

Sicher sind Mutter und Kind oder Eltern und Kind sich seelisch immer nahe, aber es wird zu einer Verschmelzung dieser Art nicht mehr kommen. Mit Ausnahme von Extremsituationen.

Geschieht unseren Kindern etwas, so sind es oft die Mütter, die das sofort spüren. Es gibt immer so etwas wie eine Verbindungsschnur oder Leitung zwischen Mutter und

Kind, was dazu führt, dass eine Mutter immer weiß, wie es ihrem Kind geht. Stunden, bevor etwas passiert, wird sie unruhig. Oder sie hat Träume, in denen sie vorgewarnt wird. Und tatsächlich ist es wirklich so, dass die Seele des Kindes Kontakt mit der Seele der Mutter aufnimmt, um ihr zu sagen, was auf sie zukommen wird.

Seelen, die keine Zeit mehr haben, weil sie selbst scheinbar überrascht werden, verschmelzen in der Stunde ihres Todes mit der Mutter oder auch dem Vater, um sich zu verabschieden. Wieder findet kurzzeitig eine Verschmelzung statt, nur dass es dieses Mal das Herz der Mutter oder der Eltern zerreißen wird. Nicht nur, dass ein Kind für immer gegangen ist, nein, der vermeintliche Verlust einer nahestehenden Seele macht die Situation so schmerzhaft. Man fühlt sich, als ob ein Teil von sich selbst amputiert wurde. Der Verlust eines Kindes hinterlässt eine tiefe Wunde, und manche Eltern werden ihres Lebens nicht mehr froh.

Da wir hier aber über den Rhythmus des Lebens sprechen wollten, kehren wir zum Ausgangspunkt zurück.

Als kleine zerbrechliche Menschen erblicken wir das Licht der Welt. Wir haben unsere spirituelle Identität am Tor zur Menschwerdung zurückgelassen, damit wir uns voll und ganz auf das Menschsein einlassen können. Je nach Seelenalter nehmen wir nach und nach Anteile von unserem spirituellen Wissen mit. Es spielt keine Rolle, ob wir eine Säuglingsseele oder eine alte Seele sind. In jedem Leben steckt der gleiche Rhythmus. Wundersamerweise steht der Rhythmus im Einklang mit den Tierkreiszeichen.

Das menschliche Leben unterliegt einem Siebener-Rhythmus. Alle sieben Jahre ändert sich der Mensch, das weiß auch der Volksmund.

Sieben Tage hat die Woche.

Sieben Engel gehen über die Erde.

Wo man hinschaut, begegnet man der heiligen Zahl Sieben.

In den ersten Lebensjahren steht jeder Mensch, egal, in welchem Sternbild er geboren wurde, unter dem Einfluss des Widders.

Widder

Vom Zeitpunkt der Geburt bis zum siebten Lebensjahr lebt jeder Mensch das Zeichen des Widders.

Der Widder ist das Kind unter den Sternzeichen. So, wie sich im Frühling die Pflanzen ihren Weg aus dem Erdreich nach oben erkämpfen, so erkämpft sich auch der Mensch das Licht der Welt. Der Widder symbolisiert die Zeit des Erwachens.

Und wir wachen ja tatsächlich auf, nach einer langen Ruhephase (9 Monate) erblicken wir das Licht unserer neuen Welt und erobern uns wie die Pflanzenwelt unseren Platz.

Der Widder gehört zum **Feuer**element, und das erklärt, warum wir in den ersten Jahren so unbekümmert, unbeschwert und neugierig sind. Vor allen Dingen aber verhilft uns das Feuer zu einer unbändigen Lebensfreude.

Wir wollen die neue Welt kennenlernen. Und so haben wir in der Regel auch vor nichts Angst, weil wir erst noch entdecken müssen, wo Grenzen sind und wo nicht.

Wir sind in dieser Zeit also vollauf damit beschäftigt, uns und auch die Welt zu entdecken.

Stier

Vom achten bis vierzehnten Lebensjahr befindet sich jeder Mensch im Zeichen des Stiers. Der Stier gehört zum Element **Erde**.

Wir befinden uns nun in der Aufnahmezeit. Nachdem wir unseren neuen Spielplatz erkundet haben, geht es nun ans Lernen. Wie funktioniert die Welt? Was macht das menschliche Miteinander aus? Erste Grenzen und Zusammenhänge werden entdeckt.

Geistige und körperliche Nahrung ist für uns nun sehr wichtig. Die vermehrte Nahrungsaufnahme trägt dazu bei, uns voll und ganz zu erden.

Außerdem benötigen wir jetzt besonders viel Nahrung, da wir diese auch zum Wachstum brauchen. Geistige Nahrung erhalten wir in unseren Schulen, aber auch von unserem Eltern und unserem Umfeld. Sie bringen uns die Spielregeln der Erde bei.

Somit dient diese Zeit der vollständigen Verankerung auf der Erde.

Zwillinge

Vom fünfzehnten bis einundzwanzigsten Lebensjahr leben wir den Zwilling. Es ist die Zeit des Erwachens und der Pubertät. Wir entdecken, dass nicht alle Menschen gleich sind. Die Welt besteht aus zwei Geschlechtern.

Haben wir bis zu diesem Zeitpunkt nur an uns gedacht, wenden wir uns nun anderen zu. Zu dem ICH kommt nun ein DU. Und das Entdecken. Das ist mit Erwachen gemeint. Es ist, als ob wir all die Jahre vorher geschlafen hätten. Jungen oder Mädchen waren für uns doof, doch plötzlich bekommen wir eine andere Sichtweise. Die Entdeckung des anderen Geschlechts beflügelt unseren Geist, was nicht verwundert, da der Zwilling dem Element **Luft** zugeordnet ist. Die Liebe lässt uns auf Wolke Sieben schweben, und wir bekommen eine erste Ahnung von der Schönheit der Geistigen Welt.

Junge Menschen in diesem Alter haben hochgeistige Ideen. Sie wollen die Welt verändern, sie aus den Angeln heben und alles verbessern. Die Zeit des Zwillings ist keine einfache, da man buchstäblich zwischen Himmel und Erde hin und hergerissen ist.

Krebs

Hat der Mensch bis zu diesem Zeitpunkt alles in sich aufgenommen, was ihm im Außen präsentiert wurde, so zieht er sich ab dem zweiundzwanzigsten bis zum achtundzwanzigsten Lebensjahr in sich selbst zurück.

Die Welt ist entdeckt, die erste Liebe ist erfahren, und im Weltlichen gibt es nun nichts mehr zu lernen. Es folgt der Wunsch, sich mit dem anderen Geschlecht zu verbinden und etwas Neues zu erschaffen.

Diese Zeit dient also der Familienplanung. Man schöpft aus sich selbst und erschafft etwas Neues.

Es ist die Zeit, in der man sich immer wieder zurückzieht und Innenschau hält. Was dazu führt, dass wir uns immer mehr zurückbesinnen. Es ist ab diesem Alter oft keine Frage mehr, dass es eine Quelle, einen Schöpfer, Gott oder eine Geistige Welt gibt.

Der Krebs symbolisiert das Element **Wasser**.

So ist diese Zeit auch mit einer Reinigung verbunden. „Jugendsünden" werden abgelegt, und der Mensch erkennt, dass er Verantwortung hat und entdeckt, dass es noch eine Welt gibt. Die geistige.

Löwe

In den Jahren von neunundzwanzig bis fünfunddreißig hat man seine Mitte gefunden. Wenn man so will, ist auch der Höhepunkt des Lebens erreicht. Man blickt auf das zurück, was man im Leben erreicht hat, und da man seinen sicheren Platz in der Welt hat, kann man sich nun ganz und gar der Geistigen Welt zuwenden. Während im Widder das Feuer noch unkontrolliert lodert und flackert, was oft zu schmerzvollen Erfahrungen führt, zeichnet sich das Löwe-**Feuer** durch seine besondere Kraft und Größe aus. Der Mensch öffnet sich der kosmischen Energie, und genau diese verleiht ihm die Kraft und auch seine Größe.

Man lernt, die Kräfte von Mutter Erde und des Himmels zu vereinen. Das Zusammenspiel beider Kräfte verleiht Sicherheit, Geborgenheit und Lebenskraft.

Oft ist dies die schönste Zeit des Lebens, weil sie voller spiritueller Erkenntnisse und Entdeckungen ist.

Jungfrau

Von sechsunddreißig bis zweiundvierzig sind wir damit beschäftigt, die Erkenntnisse, die uns in der Löwezeit zugefallen sind, zu analysieren. Es ist eine Zeit der hochgeistigen Gespräche und des Ordnens und Sortierens. Beschwingt durch unsere vorangegangen spirituellen Erfahrungen sortieren wir nun auch unser Leben. Und nicht selten verändern wir unser Leben komplett.

Wir sind also wieder im Element **Erde** angekommen.

Oft legen wir in dieser Zeit alles, was uns in der Löwe-Phase zugefallen ist, scheinbar ad acta. Dabei sortieren wir nur aus, was uns wichtig war, und hüten all dies wie einen kostbaren Schatz. Man könnte es mit einer Schwangerschaft vergleichen. Wir geben all den neuen Erkenntnissen die Gelegenheit, in Ruhe zu reifen. Intuitiv stellen wir in dieser Zeit unsere Ernährungsgewohnheiten um.

Wie eine werdende Mutter darauf achtet, dass sie sich gesund ernährt, so achten wir ebenfalls darauf, unsere geistigen Geschenke irdisch gut zu versorgen.

Waage

Vom dreiundvierzigsten bis neunundvierzigsten Lebensjahr befinden wir uns in der Ausgeglichenheit.

Wir brauchen um nichts mehr kämpfen. Die Familienplanung ist abgeschlossen, wir stehen mit beiden Beinen im Berufsleben, und nicht selten ernten wir die Früchte unserer Arbeit. Die Lebensenergie ist nun stiller geworden, und trotzdem fühlt man sich im Einklang mit sich und seinem Geist. Hat man in der Phase der Jungfrau noch sortiert und hinterfragt, so ist man nun in vollkommener Harmonie mit Allem-was-ist.

Diese Phase ist wieder dem Element **Luft** zugeordnet, was darauf hinweist, dass wir tatsächlich im Einklang mit unserem Körper, unserem Geist und unserer Seele sind.

Es gibt nichts mehr im Außen für uns zu tun. Es gibt nichts mehr in der materiellen Welt zu erreichen. Wir dürfen uns vom ganz normalen Überlebungskampf ausruhen und die Zeit der Stille und Harmonie genießen.

Da wir nun in der inneren Harmonie sind, sind wir viel offener für alles, was um uns herum geschieht. Oft öffnen sich viele Menschen in dieser Zeit für das Spirituelle.

Skorpion

Dies ist wohl die trostloseste Zeit im Leben eines Menschen. Zumindest wird sie oft so empfunden. Von fünfzig bis sechsundfünfzig spüren wir, wie unsere Lebensenergie spürbar nachlässt

Die Skorpion-Jahre sind im wahrsten Sinne des Wortes Wechseljahre. Nicht nur die sexuelle Kraft lässt nach, nein, auch die körperliche. Zum ersten Mal beschleicht uns die Ahnung der menschlichen Endlichkeit. Und somit werden wir dazu gezwungen, einen inneren Wechsel vorzunehmen.

Haben wir uns bis hierher niemals mit dem Tod auseinandergesetzt, so fangen wir erstmalig in dieser Zeit damit an, uns Gedanken um das Werden und Vergehen zu machen. Wir spüren mit jeder Phase, dass wir schwächer werden, lehnen uns natürlich innerlich dagegen auf, und sind somit vollkommen aus unserer Harmonie und vorherigen Ausgeglichenheit gerissen.

Das Zeichen des Skorpions enthält scheinbar erstmalig eine Warnung, sein Stachel ist tödlich, dabei ist es nur eine Erinnerung. So, wie die Natur um uns herum in einen Todesschlaf versinkt, Blätter fallen von Bäumen, die ersten kalten Winde fegen übers Land, so werden wir daran erinnert, dass wir nicht ewig auf der Erde bleiben können.

Das Element ist wieder das **Wasser.**

Es symbolisiert, dass wir aus unserer Harmonie und aus unserer geistigen, spirituellen Sichtweise gerissen werden, um uns wieder dem Irdischen zuzuwenden.

Wie der Regen fallen wir aus den höchsten Höhen wieder auf die Erde (zurück), was viele traurig macht oder in Aufruhr versetzt.

Emotional gesehen ein ständiges Auf und Ab.

Schütze

In den Jahren von siebenundfünfzig bis dreiundsechzig hat sich die Aufruhr und das Auflehnen gegen die Natur (also gegen die Endlichkeit) gelegt. Vielmehr ist Ruhe eingekehrt, und man könnte sagen, wir warten auf etwas. Es ist die Zeit der Stille, des sich Sammelns und des Harrens.

Wurde uns im Zeichen des Skorpions buchstäblich der Halt unter den Füßen weggezogen und wir hatten das Gefühl, endlos zu fallen, und die kalte Grabesluft umschloss uns schon, so weht uns nun noch einmal ein wärmendes Feuer entgegen.

Das Element des Schützen ist das **Feuer.**

Dieses Feuer bewirkt einen Wandel in uns. Aus unserer vorangegangen Verunsicherung und zu der Angst vor der Endlichkeit kommt nun die Gewissheit, dass aus dem vermeintlichen Grab eine Wiege wird.

Wir sind unsterblich, und auch wenn das irdische Leben zu Ende geht, so wird es für uns in einer anderen Welt weitergehen. Wir ergeben uns dem Rhythmus des Lebens. Wir lehnen uns nicht mehr auf. Wir nehmen an.

Steinbock

Im Alter von vierundsechzig bis siebzig fangen wir an, uns langsam zu lösen. Wir wissen nun, dass irgendwann einmal der Zeitpunkt kommt, uns von dieser Erde zu verabschieden.

Wir gehen in Rente und ziehen damit das, was uns all die Jahre ausgemacht hat, nämlich unsere Schaffenskraft, zurück. Wie wir auch dazu neigen, alles zu akzeptieren, wie es ist.

Der Steinbock hat das Element **Erde.**

Folglich kümmern wir uns darum, alles, was noch zu regeln ist (wie Testament oder Ähnliches), in Angriff zu nehmen. Haben wir unser Leben geordnet, haben wir uns von allem Irdischen gelöst, was einer Auferstehung gleichkommt.

Wassermann

Das ist die Zeit der völligen Freiheit. Von einundsiebzig bis siebenundsiebzig wird man zunehmend glücklicher.

Man freut sich darüber, dass man es nicht mehr nötig hat, auf der weltlichen Bühne mitzuspielen und zu kämpfen und genießt in vollen Zügen diese neue Freiheit.

Nicht selten sagen oder tun Menschen in dieser Entwicklungsstufe mit großer Freude Dinge, die sie sich im Laufe ihres Lebens nie getraut hätten.

Die neu gewonnene Klarheit lenkt ihren Blick auf das Wesentliche. Sie halten sich nicht mehr mit Höflichkeitsfloskeln und falscher Rücksichtnahme auf.

Wenn man so will, ist der Mensch wieder einmal erwacht.

Er weiß nun, dass er Gast auf Erden war und hat seinen Frieden geschlossen. Er holt sich buchstäblich das

Wasser des Himmels, um das irdische abzuwaschen und somit immer klarer zu werden.

So wundert es nicht, dass dem Wassermann das Element **Wasser** zugeordnet ist.

Fische

Von achtundsiebzig bis vierundachtzig erlebt der Mensch auf körperlicher Ebene nun das Vergehen.

Er wird immer schwächer, wirkt auch sehr durchscheinend, und damit immer feinstofflicher. Im eigentlichen Sinne erleben wir eine Geburtsvorbereitung.

Wir haben ein langes, erfülltes Leben hinter uns. Wir haben unendlich viel erlebt, unendlich viel erfahren, und all dieses Wissen befähigt uns zu verstehen, worum es in unserem Leben geht.

Unser spirituelles Bewusstsein ist nun vollkommen erwacht, was uns zu einer wunderbaren Gelassenheit verhilft.

Wir haben zwölf unterschiedliche Bewusstseinsstufen durchlebt, und aus den Anfängen kehren wir nun angereichert mit all unseren Erfahrungen zurück in unsere heimatlichen Gefilde.

Der Lebenskreis schließt sich, und es öffnet sich ein neues Tor, das Tor unserer Heimat. Wir kehren zurück.

Und es kann gar nicht anders sein, als dass den Fischen das Element **Wasser** zugeordnet ist.

Alles Leben entsteht im Wasser. Und so vergeht es auch. Um überleben zu können, brauchen wir das Wasser.

Der Flüssigkeitshaushalt bei älteren Menschen verändert sich merklich. Sie trinken kaum noch etwas, und ihr Blut wird dicker. Wir können sie noch sooft daran erinnern, doch mehr zu trinken, sie vergessen(?) es doch immer wieder.

Das ist der Rhythmus eines jeden Lebens, und zwar unabhängig davon, wie alt ein Mensch wird. Ein Mensch, der vor der „normalen“ Zeit die Bühne des Lebens verlässt, hat trotzdem alle Stufen durchlebt. Und zwar im Zeitraffer. Um das glauben zu können, müssen wir uns nur daran erinnern, dass es die Zeit so, wie wir sie wahrnehmen, nicht gibt!

Wir brauchen nur in die Natur zu schauen, um das Geheimnis Mensch zu verstehen.

Im Frühling, also im April (Widder), erhebt sich die Natur nach einer langen Ruhephase aus dem Schoß von Mutter Erde. Nach dem Erheben ist das Wachstum (Stier/Mai) angesagt, um zusammen mit dem ersten warmen Wind (Juni/Zwilling) unsere Herzen zu erwärmen. Im Zeichen des Krebses (Juli) darf das Wasser nicht fehlen, und das Wachstum ist größtenteils abgeschlossen.

Im Zeichen des Löwen (August) ist alles erblüht, und die Natur steht in voller Pracht, während im folgenden Monat (September/Jungfrau) die Ernte eingefahren (gesammelt) werden kann.

Danach kehrt in der Natur Ruhe ein (Waage/Oktober), und der Wind nimmt die Reste des Sommers mit sich.

Trostlos werden die nächsten Wochen. Regen zieht übers Land, und die erste Kälte greift um sich (Skorpion/November).

Nun scheint die Natur tatsächlich in Todesschlaf gefallen zu sein. In früheren Zeiten wurde das Land oft mit dem ersten Schnee bedeckt (Schütze/Dezember). Trotzdem spendet die Sonne schon wieder Wärme.

Die Natur hat sich nun vollkommen in sich zurückgezogen (Steinbock/Januar) und alle Aktivitäten eingestellt.

Die Natur ruht sich immer noch aus, tut nichts (Wassermann/Februar), außer die Sonne (Lebensenergie) und das Wasser (Lebensspender) in sich aufzunehmen, also Kraft zu sammeln.

Um, wenn die Zeit der Fische (März) kommt, zu neuem Leben zu erwachen.

Einige Leser werden nun bedenken, dass man sich auf die Natur gerade in der heutigen Zeit nicht mehr verlassen kann. Auch dieses Thema werde ich später noch einmal aufzugreifen.

Es wäre um so vieles einfacher, wenn die „Großen" dieser Welt (Politiker, Wirtschaftsunternehmer und Arbeitgeber) diesen Rhythmus bedenken, beachten und berücksichtigen würden. Stattdessen wird von den Menschen gleichbleibend das ganze Jahr die gleiche Leistung erwartet – entgegen dem Rhythmus des Lebens.

Während wir im Frühling und im Sommer vor Lebensenergie nur so strotzen, fällt diese im Herbst und Winter ab. Trotzdem müssen wir in dieser Zeit jeden Morgen im

Dunkeln aufstehen und zur Arbeit gehen, und es wird von uns die gleiche Leistung erwartet wie in der Hoch-Zeit des Jahres.

So leben wir also in schöner Regelmäßigkeit konträr zu unserem Lebensrhythmus, und auch das trägt auf Dauer dazu bei, krank zu werden. Wir werden also auch dank unsinniger Regeln krank.

Das künstliche Licht, das uns in den Wintermonaten bestrahlt, trägt im Übrigen auch nicht dazu bei, uns wohlzufühlen. Wir sind Lichtwesen, und setzt man uns über so einem langen Zeitraum künstlichem Licht aus, trauern unsere Seelen. Nicht umsonst befällt so unendlich viele Menschen die Winterdepression.

Da wir tagsüber arbeiten müssen, haben wir kaum die Chance, das bisschen Licht, das die Sonne spendet, in uns aufzunehmen. Unser Lichtkörper ist also ständig unterversorgt. Anstatt nun dem Körper Licht zuzuführen, werden ihm wieder nur Antidepressiva verabreicht.

In unserer Gesellschaft ist der Mensch zu einer Maschine degradiert worden. Er hat zu funktionieren, und das mit allen Mitteln. Ist das nicht traurig?

Aber es kommt noch viel schlimmer.

So, wie der Mensch dem Rhythmus des Jahres unterliegt, so wird er auch vom Rhythmus des Tages beeinflusst.

Von sieben bis neun Uhr regiert das Zeichen des Widders. Wir beginnen den Tag also frisch und erwartungsfroh. Neuer Tag, neues Glück.

Von neun bis elf Uhr regiert uns der Stier. Das heißt,

wir können uns den Aufgaben zuwenden, jetzt haben wir die Bereitschaft dafür. Da der Tag noch so jung ist, sind wir nun auch am aufnahmefähigsten.

Von elf bis dreizehn Uhr regiert uns der Zwilling. Wir haben genug frischen Geist für neue Ideen.

Von dreizehn bis fünfzehn Uhr erscheint der Krebs und mahnt uns zur Ruhe. Er signalisiert uns Rückzug und möchte eigentlich eine Pause.

Ab fünfzehn bis siebzehn Uhr betritt der Löwe die Bühne. Wir haben also wieder neue Kraft und können noch einmal mit Leichtigkeit unserer Arbeit nachgehen.

Von siebzehn bis neunzehn Uhr erscheint die Jungfrau. Jetzt ist die Zeit des Aufräumens, des Sortierens und des Ordnens.

Ab neunzehn bis einundzwanzig Uhr dürfen wir fünf gerade sein lassen, denn die Waage schafft nun das Gleichgewicht zwischen Arbeit und Freizeit.

Von einundzwanzig bis dreiundzwanzig Uhr schaltet der Körper schon auf Ruhe. Die ersten Ermüdungserscheinungen treten auf, da der Skorpion sich nun bemerkbar macht.

Ab dreiundzwanzig Uhr pflegen wir uns ins Bett zu begeben. Der Schütze umweht uns mit der richtigen Nestwärme und lässt uns in den Schlaf sinken.

Von ein Uhr bis drei Uhr morgens schlafen wir tief und fest. Der Steinbock entführt uns in die Tiefe.

Steht die Uhr auf Drei und wandert zur Fünf, so ist es nun der Wassermann, der uns mit neuer Energie überschüttet.

Ab fünf Uhr wird unser Tiefschlaf wieder leichter, und wir werden von den Fischen bis sieben Uhr in den neuen Tag gerufen.

Angesichts dieser Tatsache ist es geradezu sträflich, zweimal im Jahr in den Biorhythmus des Menschen einzugreifen und die Uhren zu verstellen. Das bringt jedes Mal für einige Zeit ein erhebliches Durcheinander im menschlichen Körper. Im Grunde genommen unfassbar!

Ebenso wie manche Arbeitszeiten. Sogenannte Durchdienste, in denen man gezwungen ist, von morgens sieben bis nachmittags bei voller Konzentration bis um siebzehn Uhr durchzuarbeiten, oft auch ohne Pausen, müssten verboten werden. Genauso die Nachtschichten. Sie setzen dem menschlichen Körper am meisten zu. Aber wie immer im Leben gehören dazu zwei. Einmal der Arbeitgeber, der mit Extrabezahlung lockt, und einmal der Arbeitnehmer, der nur das Geld sieht.

Hier muss ich aber einwenden, dass meine ganze Hochachtung den Menschen in den Pflegediensten gehört, die aus Liebe und Überzeugung nachts arbeiten. Sie tun das, weil sie anderen dienen wollen. Und was wären viele pflegebedürftigen Menschen ohne sie.

An alle Pfleger, Krankenschwestern, Ärzte, Pflegedienste, karitative Einrichtungen und Hospize: Ihr seid einfach unglaublich!

Nun aber zurück.

Mir geht es keineswegs darum, die Struktur der Gesellschaft anzukreiden. Mir geht es darum, ein Bewusstsein für das Wunderwerk Mensch zu entwickeln.

Wir gehen unbewusst so hart mit uns um; wie die Schafe trotten wir hinter unserem „Hirten“ her und merken nicht einmal, was wir mit uns machen (lassen). Hart insofern, als wir unsere Eigenverantwortung im Laufe der menschlichen Entwicklung an einen Ast gehängt haben.

Anstatt für uns selbst zu sorgen, haben wir uns bereit erklärt, lieber arbeiten zu gehen. Dafür gibt es ja Geld, und damit kann man sich alles kaufen, was man zum neuen Leben braucht. Und damit fing die Versklavung an. Unsere Gesellschaft und unsere Bereitwilligkeit, unsere Eigenverantwortung abzugeben, hat uns das Dilemma von heute beschert.

Diejenigen, die uns damals gelockt haben: „Komm zu mir, dann verdienst du gutes Geld, und das Leben wird erheblich einfacher für dich“, genau diejenigen schlagen uns heute die Tür vor der Nase zu: „ Arbeiten? Bei mir? Nein. Zu alt, zu jung, zu teuer... sieh doch zu, wie du klar kommst!“

Nun jammert ein ganzes Land. Hilflos irrt jeder durch die neue Situation.

Wir sind inzwischen so abhängig, dass wir überhaupt keine Vorstellung haben, wie wir aus der Geschichte wieder herauskommen sollen/können.

Jahrhunderte lang sind wir Idealen hinterhergerannt, die gar nicht unsere waren. Man hat sie uns nur erfolgreich eingeimpft. Und in dem Moment, wo wir uns daran gewöhnt hatten, kam die Wende.

Das ist wie mit dem Öl und dem Gas. Nachdem uns erfolgreich eingeredet wurde, dass Gas ja viel billiger als

Öl ist und ein Großteil auf Gas umgestellt hatte, zogen die Preise an.

Oder nehmen wir das Beispiel Auto. Da wurde der Wunsch zum Zweitwagen geweckt. Als jeder Haushalt einen hatte, gingen die Benzinpreise hoch. Beispiele für Manipulationen gäbe es noch zuhauf.

So lange der Mensch sich aber nicht bewusst wird, dass mit ihm gespielt wird und er aufhören sollte, mit sich spielen zu lassen, so lange wird die Situation nur noch schlimmer.

Mal ehrlich, wie können wir es zulassen, dass eine Handvoll alltagsuntauglicher Politiker und Wirtschaftsbosse über jeden Einzelnen von uns bestimmen darf? Was dabei herausgekommen ist, sehen wir. Erst haben sie uns abhängig gemacht, und nun lassen sie uns fallen.

ABER... genau darin liegt unsere große Chance.

☆☆☆☆☆

Umdenken

Materiell gesehen befinden wir uns am Boden. Aus spiritueller Sicht macht das durchaus Sinn. Denn nur wer am Boden liegt, kann aufstehen. Und genau das wird jetzt von uns verlangt.

Alle, die jetzt am Boden liegen, die nicht wissen, wie es weitergehen soll, sind aufgerufen, aufzustehen und ihr Bündel Eigenverantwortung aufzuheben und an sich zu nehmen. Und dann, liebe Leser, wenn jeder sein Bündel in die Hand genommen hat, dann öffnet euch den anderen, die ebenfalls ihre Eigenverantwortung aufgenommen haben, und schließt euch zusammen.

Ich möchte wetten, dass es euch, wenn ihr das befolgt, erheblich besser gehen wird. Unterstützt euch gegenseitig, so gut ihr könnt. Greift euch unter die Arme. Geht aus der Vereinzelung heraus, also aus dem **ICH,** und wendet euch dem **DU** zu. In der Gemeinsamkeit liegt der Schlüssel zum Erfolg. Alleine ist jeder für sich machtlos. Man kann sich nicht alleine gegen die eingefahrene Struktur der Gesellschaft auflehnen. Aber je mehr Menschen aufstehen, sich zusammentun und Gesellschaft Gesellschaft sein lassen, umso eher kommt der Wandel.

Stellt euch vor, es ist Wahl, und keiner geht hin!

Stellt euch vor, es ist Krieg, und niemand geht hin!

Stellt euch vor, die Öl- und Gaspreise steigen weiter, und niemand zahlt! usw.

Es geht nicht darum, einen Aufstand zu machen oder Demonstrationen gegen irgendetwas zu veranstalten. Nein, sämtliche Kräfte werden lahmgelegt, wenn sich niemand mehr damit beschäftigt. Und je mehr Menschen aufhören, in die vorherrschenden Umstände Energie hineinzugeben, umso eher kann sich etwas ändern.

Eine Unsitte gerade der deutschen Mentalität ist es, über alles zu meckern und zu lamentieren. Nicht nur an den Stammtischen werden die Themen heißgeredet. Wohin man schaut, weiß jeder etwas zu der vorherrschenden Situation zu sagen.

Es wird Zeit, sich bewusst zu machen, dass jeglicher Kommentar zu einer Situation die Sache nur verstärkt. Ganz egal, ob wir nur jammern und sagen: „Wir können ja eh nichts ändern", oder ob wir feurig etwas dagegen unternehmen wollen. Energie ist Energie. Wie wir sie nähren, spielt keine Rolle. Veränderung kann nur stattfinden, wenn wir lernen umzudenken.

Ich kann gar nicht oft genug wiederholen, dass wir Lichtwesen sind, also Energieträger. Alles um und in uns ist Energie. Und es ist eine Kunst, mit Energien richtig umzugehen.

So auch mit der wirtschaftlichen Situation. Wir haben sie nicht, damit es uns schlecht geht, sondern damit wir anfangen, bewusst zu werden.

Wenn es euch schlecht geht, schließt euch mit anderen Betroffenen zusammen und konzentriert euch nur auf euren Kreis. Nämlich darauf, wie ihr euch gegenseitig stützen könnt.

Macht zusammen Pläne, wie ihr Verbesserung erzielen könnt. So erreicht ihr Sicherheit. Denn nur in der Geborgenheit der Gemeinschaft kann man sich sicher fühlen. Haltet alle Zukunftssorgen von euch fern, denn je mehr ihr euch sorgt, umso schlimmer wird es. Denkt daran, ihr nährt damit nur die vorherrschende Energie und macht aus einer ursprünglich neutralen eine Mangelenergie. Macht euch das bitte bewusst! Nichts ist in Wahrheit gut oder schlecht.

Alles ist, wie es **IST**. Erst der menschliche Verstand gibt den Dingen einen Namen, eine Bewertung, und legt somit Gewicht in etwas, das einfach nur **IST**.

Das Nichtstun ist wohl das schwierigste, was man von einem Menschen verlangen kann. Wobei nicht damit gemeint ist, die Hände in den Schoß zu legen und alles an sich vorbeirauschen zu lassen. Nein, gemeint ist, dass jeder versuchen sollte, im Hier und Jetzt zu leben, also im Augenblick.

Ist es nicht merkwürdig, dass es einem im Augenblick immer gut geht? Man kann noch so viele Sorgen haben, wer bewusst in sich hineinhorcht, wird zu seinem Erstaunen feststellen, dass alles in Ordnung ist.

Je mehr wir es schaffen, im Augenblick, also bewusst im Hier und Jetzt zu bleiben, umso schöner wird unsere Zukunft.

Wer im Augenblick lebt, lebt im Gleichklang mit der Göttlichkeit. Und wer in der Göttlichkeit lebt, kreiert sich damit eine göttliche Zukunft.

Als Jesus das Beispiel von den Vögeln erzählte: „Sie säen nicht, sie ernten nicht, und dennoch ernährt sie der

Herr", hat er uns damit schon das Wunder des göttlichen Augenblicks erklärt.

Gleich den Vögeln auf den Feldern sollten auch wir uns keine Sorgen mehr machen, was das Morgen uns wohl bringen wird. Wenn wir voller Freude einfach nur die Tatsache annehmen, dass wir ein wunderbares Geschenk von Gott erhalten haben, nämlich das Leben, und uns über dieses Wunder Tag für Tag freuen, so kreieren wir uns eine freudige Zukunft.

Der eine oder andere mag jetzt denken: „Die hat gut reden, weiß sie überhaupt, wovon sie spricht?" Oh, ja, das weiß ich sehr genau. Denn auch ich habe mehr als einmal am Boden gelegen. Und ich musste ebenfalls mit großen Verlusten fertigwerden. Mir hat zugegebenermaßen mein spirituelles Wissen in den Schreckensmomenten nicht sehr viel weitergeholfen, weil es meistens erst einmal ausgeschaltet war, aber nachdem sich der erste Schock gelegt hatte und ich die Situation annahm, da ich sie sowieso nicht ändern konnte, kam jedes Mal die Wandlung.

Es geht tatsächlich um Annehmen und um Dankbarkeit für alles. Nachdem zum Beispiel mein Traum vom eigenen Haus mit Praxis für Lebensberatung jämmerlich gescheitert war, mein Mann und ich uns erheblich verkleinern und dann wieder zur Miete wohnen mussten, da war ich dankbar dafür, dass wir ein Dach über dem Kopf hatten und es uns im Grunde genommen an nichts fehlte. Heute habe ich trotzdem meine Praxis, zwar klein, aber sie ist da. Außerdem hat sich herausgestellt, dass der Verlust des Hauses ein Segen für uns war. Inzwischen wohnen wir mitten in der City, und unser Häuschen ist trotzdem die reinste Oase. Still, grün und knuffelig. Und während wir in unserem vorherigem Haus nachts nicht zur Ruhe kamen, weil der Lärm der Hauptstraße zu uns herüberwehte, genießen wir heute absolute Ruhe, was auch viel besser zu unserer spirituellen Arbeit passt.

Zeigt also Dankbarkeit für das, was ihr habt, und wenn es noch so wenig ist!

Wenn es in eurer schwersten Zeit nur einen einzigen Menschen geben sollte, der zu euch hält und euch begleitet, seid dankbar! Lamentiert nicht darüber, was euch alles fehlt. Freut euch über das, was **d a** ist. Der Mensch kommt mit bedeutend weniger aus, als er glaubt.

Die Wohlstandsgesellschaft ist dabei unterzugehen, denn die einmal in uns erweckten (unsinnigen) Bedürfnisse können wir uns nicht mehr leisten. Und das ist auch gut so. Die Zeit des äußeren Reichtums ist vorbei. Jetzt kommt die Zeit des inneren Reichtums.

Ich sagte schon einmal, dass die jetzige Zeit eine wunderbare Chance für die Menschheit in sich birgt. Sie führt uns zurück zu den wahren Werten. Das ist der Sinn des wirtschaftlichen Zusammenbruchs.

Wer jammert und sich dagegen auflehnt, verschlimmert die Situation nur, weil er sie nicht angenommen hat. Und wer einfach nicht akzeptieren will, dass das „süße" Leben vorbei sein soll, verschlimmert damit nur seine persönliche Lage. Manche werden krank darüber, was die Not noch größer macht.

Wie oft hört man: „Erst hat er Haus und Hof verloren, und nun ist er auch noch lebensbedrohlich erkrankt.“ Das alles nur, weil man sich dem Fluss der Ereignisse nicht ergeben hat.

Wären unsere Bäume, Sträucher und Gräser nicht so biegsam und würden sich den Stürmen hingeben, würden sie alle brechen. Selbst wenn der Wind sie geplättet hat, stehen sie wieder auf.

In der Hingabe an Allem-was-ist liegt der Schlüssel, nicht im Widerstand.

Nun hat die Natur uns gegenüber einen enormen Vorteil. Es macht einem Strauch nichts aus, wenn er wie ein zerrupftes Huhn trotzig in unserem Garten steht. Er schämt sich nicht über seinen Zustand, im Gegenteil, er verlässt sich darauf, dass schon jemand kommt und ihm wieder ein passables Aussehen verleiht. Was wir ja auch tun.

Nun, uns Menschen geht es da anders. Wir schämen uns und ziehen uns immer mehr in uns selbst zurück. Wir wollen nicht, dass andere mitbekommen, wie „schlecht“ es uns geht. Wir denken tatsächlich, dass wir die Einzigen sind, die keine Arbeit mehr haben und somit wirtschaftlich gesehen nicht mehr mithalten können. Dabei würde man, wenn man sein Schamgefühl beiseitelegen würde, feststellen, dass es andere genauso getroffen hat.

Wie viel zusätzliches Elend könnte vermieden werden, wenn Menschen ehrlich miteinander umgehen würden? Und wie viele schlaflose Nächte könnten vermieden werden, wenn man nicht an sich selbst den Anspruch hätte, mit anderen, noch dazu mit denjenigen, denen es wirtschaftlich gut geht, mithalten zu müssen? So greift man zu Krediten oder überzieht sein Konto, um ebenfalls in Urlaub fahren zu können. „Nachbar Müller fährt zwar zweimal im Jahr, aber immerhin, einmal können wir noch mithalten."

Man könnte meinen, das Leben wäre ein Wettbewerb. Wieso nur orientieren wir uns an anderen? Warum bleiben wir nicht bei uns selbst?

Nun, das liegt daran, dass die Materie einige von uns immer noch fest im Griff hat, so dass sie gar nicht anders können, als sich im Außen zu orientieren. Viele von uns sehen sich immer noch nur als Mensch, nicht als Lichtwesen. Wir wissen nicht, was und wer wir sind. Das Spiel des Lebens hat uns so gefangengenommen, dass wir solche Gedanken weit von uns weisen. Es gibt nur uns und die Welt, basta. Und da wir nicht bereit sind, uns mit uns zu beschäftigen, aber auch sämtliche Türen der Erinnerung zugemacht haben, bleibt nur die Suche im Außen. Wir kennen unseren eigenen Wert nicht mehr. Und die Gesellschaft hat Jahrhunderte daran gearbeitet, uns sämtliche, noch vorhandenen Werte wegzunehmen.

Warum wohl gerät gerade die Jungend so außer Kontrolle? Warum kreischen sich zwölf- bis vierzehnjährige die Stimmbänder wund, wenn sie ein Konzert ihrer Idole besuchen? Warum dieser Promikult? Weil sie keine eigenen Werte mehr haben. Folglich muss die verlorengegangene Wertigkeit ins Außen verlagert werden. Anstatt sich selbst anzuhimmeln, also die eigenen Werte zu entdecken, werden andere Menschen oft völlig grundlos in den Himmel gehoben und angebetet, als wären sie Heilige.

Wir leben aber in einer Neuen Zeit. Die Geistige Welt hat sich die Entfremdung lange genug angesehen und nun den Umkehrschritt eingeleitet. Frei nach dem Motto: „Und bist du nicht willig, so brauch' ich Gewalt", wird uns mit einem Schlag alles weggenommen, woran sich Generationen orientiert und festgehalten haben. So könnte man meinen, gäbe es da nicht noch eine andere Sichtweise.

Das Motto könnte nämlich auch lauten: „Zurück in die Zukunft". Wenn wir uns nun wieder an das Experiment erinnern, so könnte man auch sagen, dass wir einst auszogen, um uns auszudehnen. Wir wollten sehen, wie weit das Spiel Mensch zu spielen ist. Wie weit ließ sich dieses Spiel ausdehnen? Wir sind jetzt, wenn wir so wollen, an unsere Grenze angekommen. Zwangsläufig muss nun der Schritt zurück erfolgen.

Keine Sorge, die Menschheit wird sicher nicht wieder in Höhlen zurückkehren und die Keulen schwingen, nein, mit Rückschritt ist Rückbesinnung gemeint. Wir sind aufgefordert, uns zu erinnern.

Wenn uns alles im Außen weggenommen wird, ist endlich die Sicht frei, um nach innen zu schauen, denn wir tragen alles, was wir brauchen, in uns selbst. Unglaublich? Aber wahr!!

Wir sind Lichtwesen, ja Engel, die sich freiwillig dafür entschieden haben, in der Materie zu leben. Wir vermögen alles, wir wissen es nur nicht mehr, denn unser menschliches Bewusstsein hat ganze Arbeit geleistet. Es erkennt einfach nicht an, dass Dinge, die nicht zu sehen, zu hören und zu greifen sind, ebenfalls real sind.

Und hier erst wird das gesamte Ausmaß der Arbeit, die unsere Seele bis zum heutigen Zeitpunkt geleistet hat, klar. Vergeblich hat sie versucht, sich Gehör zu schaffen. Immer wieder, Leben für Leben. Wir haben sie zum Teil selbst weggewischt, oder unsere innere Stimme ist einfach durch die Struktur der Gesellschaften weggenommen worden. Ist es da ein Wunder, dass sie es müde ist? Dass sie versucht ist, aufzugeben? Und wundert es, dass sie letztendlich doch nicht aufgibt, sondern nach einer Lösung sucht? Gott gibt niemals auf, und auch unsere Seelen nicht, denn sie sind Aspekte von Gott.

Und wenn ich nun sage, dass wir selbst, die wir ja nun nicht nur Menschen, sondern Seelen, also in Wahrheit Engel sind, dass wir selbst alles, was jemals war und sein wird, und somit auch diese schmerzhafte Wende eingeleitet haben, wie fühlt sich das an?

Einige werden sagen, jetzt geht es mir aber zu weit, während bei anderen vielleicht etwas anklingt. So oder so möchte ich die Leser bitten, das Buch nicht beiseitezulegen, sondern weiterzulesen. Zugeklappt werden kann es immer noch.

Ich möchte nun einmal eine andere Version der Entstehungsgeschichte vorstellen, wobei ich ausdrücklich darauf hinweise, dass sie nicht für wahr angesehen werden muss. Sie dient lediglich einer anderen Betrachtungsweise.

☆☆☆☆☆

Eine andere Geschichte der Entstehung menschlichen Lebens

Als die Quelle begann, sich auszuweiten, also Engel, Erzengel und andere Lichtwesen zu erschaffen, da schenkte sie jedem Wesen einen freien Willen. Sie waren in allem wie sie, hatten also die gleichen Möglichkeiten wie sie und dazu einen freien Willen. Am besten kann man sich vorstellen, Gott hätte irgendwann einmal die Idee gehabt, viele kleine Götter ins Leben zu rufen. Vielleicht hat er sich einfach nur einsam gefühlt und wollte Kinder aufwachsen sehen. Gleich unseren Kindern blieben diese Wesen eine ganze Zeit lang im Paradies und hatten alles, was sie benötigten, um glücklich zu sein. Unter diesen Wesen waren wir. Du und ich und jeder andere.

Anfangs genossen wir noch die himmlische Geborgenheit, doch irgendwann fingen wir an, abenteuerlustig, wie Kinder nun einmal sind, auf Entdeckungsreise zu gehen. Wir erforschten den Himmelraum, und zwar bis an seine Grenzen.

Gott ließ uns gewähren, denn er wusste, dass es hinter seinem Reich nichts mehr gab, was es zu entdecken galt. Vielleicht hat er damals nicht damit gerechnet, dass jemals eines seiner Geschöpfe die Grenze überschreiten würde. Und doch haben wir es getan. Wir waren mutig genug, auf die Wasserfälle zu springen, die die Grenze des Reichs markierten, und befanden uns in einem Strudel von Nichts. Es mag auch sein, dass einer von uns versehentlich einen Wasserfall herunterfiel und einige von uns hinterhergesprungen sind, um zu Hilfe zu eilen; wie es zu dem Fall kam, ist eher unerheblich. Tatsache ist, dass der Fall stattfand.

Die katholische Kirche erzählt ja von der vermeintlichen Vertreibung aus dem Paradies, und dass die naschhafte und neugierige Eva daran schuld gewesen sein soll. Zwar sind wir aus dem Paradies gefallen, aber wahrscheinlich unter ganz anderen Umständen, als die Kirche uns glauben machen will. Die Geschichte mit der Erbsünde, die angeblich jeden Menschen belastet, ist vollkommen haltlos und dient(e) nur dazu, Macht über die Menschen zu haben.

Wir haben keine Schuld auf uns geladen, wir sind lediglich in unserer Abenteuerlust zu weit gegangen. Es gab nämlich keinen Weg zurück. Einen Wasserfall herunterzuspringen ist keine Kunst, aber wieder hinaufzukommen?

Und so überfielen uns Trauer, Sehnsucht und Heimweh. Zum ersten Mal lernten wir Angst kennen. Was sollte nun aus uns werden? Würden wir jemals zurückfinden? Wir erkannten, wir waren alleine. Ohne unsere liebende Quelle. Und das war wohl die entsetzlichste Erfahrung, die wir jemals gemacht haben.

Da es nun keinen Weg mehr zurück gab, blieb uns nichts anderes übrig, als uns mit der Situation abzufinden. Noch waren wir Lichtwesen, noch hatten wir all unsere Fähigkeiten, und die setzten wir zusammen in Gruppen auch ein.

Wir brauchten einen Aufenthaltsort. Einen Ort, an dem wir bleiben konnten, denn uns fiel auf, dass wir immer tiefer fielen und die Atmosphäre immer dichter wurde. Um nicht vollends im Nichts zu verschwinden, erschufen wir uns eine Welt, die der des Himmels ähnelte: Mutter Erde.

Wir selbst waren die Baumeister und auch die Erfinder des Menschen. Wir brauchten ein Gefäß für unsere feinstoffliche Struktur, sonst wären wir ganz verloren gewesen. Wir selbst haben mit der Maske Mensch experimentiert, so lange, bis wir zufrieden waren. Wir haben unser gesamtes Wissen, auch das spirituelle, in jeder Zelle abgespeichert, damit es ja nicht verlorengeht. Genauso, wie wir uns eine Sicherheitsgruppe zurückgelassen haben: Die Geistige Welt.

Sie ist nicht weit von Mutter Erde entfernt und unsere Garantie dafür, dass wir uns immer daran erinnern, woher wir kommen und was für Möglichkeiten wir haben. In ihr haben wir auch Maßnahmen hinterlegt, die eingeleitet werden sollen, wenn wir von diesem Experiment genug haben oder zu weit vom Weg abkommen. Wir wussten nicht, wohin die Reise uns führen würde, wussten nicht, ob sie uns verändern würde, und so waren wir geistesgegenwärtig genug, einen Teil der Seelen als Sicherheit zurückzulassen.

Alle unsere Hochkulturen können ein Beispiel dafür sein, dass es so gewesen sein könnte. Wir kamen aus den höchsten Höhen mit unbeschreiblichen Fähigkeiten, die wir im Laufe der Erdenjahre einfach nur vergessen haben.

Lemurien, Atlantis und Avalon erzählen die Geschichten unseres weiteren Falls, wenn wir diese Theorie weiter verfolgen. Hielten wir anfangs zusammen und unterstützen uns gegenseitig, so fingen mit der Zeit die Ersten an, auf die anderen Gemeinschaften zu schielen.

Getrieben von unserer Sehnsucht nach zu Hause redete uns der menschliche Verstand erfolgreich ein, dass die jeweils anderen einen Weg gefunden hätten, wieder nach Hause zu kommen. Wir wurden mit Gefühlen wie Misstrauen, Neid, Ärger und Wut konfrontiert, und da wir dies alles nicht kannten, gaben wir ihnen nach. So fingen die ersten Intrigen an, bis dahin, dass wir ehemals so friedfertige Wesen anfingen, gegeneinander Kriege zu führen.

Bis heute hat sich dieses Verhalten nicht geändert. Immer wenn wir glaubten, andere wären schon weiter als wir, uns einen Schritt voraus oder sogar das Wissen gefunden hätten, nach Hause zu gelangen, zogen wir los und führten Krieg. Dabei war und ist die wahre Triebfeder aller Kriege schlicht und ergreifend die Angst, nicht mehr nach Hause zu kommen. Das ist uns natürlich nicht mehr bewusst. Aber dennoch werden auch die heutigen Kriege aus Angst geführt, andere könnten weiter sein als wir.

Das Blutvergießen hatte zur Folge, dass wir noch tiefer in die Materie gezogen wurden, als wir es eh' schon waren. Und zwar so tief, dass wir uns auch nicht mehr an die Geistige Welt erinnern konnten. Wir waren so in der Materie verhaftet, dass wir von unseren geistigen Freunden nichts mehr wissen wollten und konnten.

Das war ein finsteres und dunkles Zeitalter für die Menschheit und für Mutter Erde.

An dieser Stelle werden sich nun einige fragen, ja, warum hat die Geistige Welt denn nicht eingegriffen? Die Antwort ist einfach: Weil sie keine Erlaubnis dazu hatte.

Da niemand von uns wusste, wie sich alles entwickeln würde, wir aber immer noch unseren freien Willen hatten, haben wir uns genug Spielraum gelassen. Wir waren fest davon überzeugt, aus eigener Kraft den Kontakt wieder herstellen zu können. Und wir haben dafür gesorgt, dass in größeren Abständen einer unserer Freunde aus der Geistigen Welt zu uns auf die Erde kommt, um uns daran zu erinnern, wer wir sind: Eliah, Buddah, Mohammed und Jesus, um nur einige bekannte zu nennen.

Und so kam auch der Wandel. Wir haben uns aufgerafft und uns dem letzten Überbleibsel unseres ehemaligen Paradieses zugewandt: Der Geistigen Welt.

Wenn wir jemals aus diesem Dilemma herauskommen wollten, blieb uns nur dieser Schritt, denn die Geistige Welt ist unsere einzige Brücke zum Paradies, das wurde uns bewusst. Und als uns dies klar wurde, da wurden nicht nur wir klar, sondern auch die Geistige Welt erstrahlte in einem neuen Licht. Das wiederum hatte zur Folge, dass die Grenze zwischen uns und dem Himmelreich, also unserem Paradies, ebenfalls lichter wurde. Wir selbst haben mit unserer Sehnsucht und unserer Zuwendung zu der Geistigen Welt und unserem Vater, der Quelle, die Grenzen aufgehoben.

Alles, was wir tun, hat eine Wirkung. Im Positiven, wie im Negativen. Und zwar nicht nur auf dieser Welt, sondern bis in den kleinsten Winkel des Universums.

Die Art, wie wir Liebe empfinden und geben können, die Menschlichkeit, die wir entwickelt haben, unsere Öffnung der Herzen, all das hat dazu beigetragen, alles zu erleuchten und die Grenzen aufzuheben. Es ist die Zeit der Heimkehr. Unsere Sehnsucht nach zu Hause hat alle Grenzen verschwimmen und aufheben lassen.

Wenn wir wie die Kirchen von einer Dreifaltigkeit sprechen wollen, so kann ich nur sagen: Ja, es gibt eine Dreifaltigkeit, aber sie ist anders zu verstehen.

Die Kirche spricht vom Vater, vom Sohn und vom Heiligem Geist. Wir kommen vom Vater, sind seine Kinder und tragen seinen Geist in uns. Diese Erkenntnis hat uns die Türen geöffnet.

Es gäbe da noch eine andere Erklärung für die Dreifaltigkeit: Körper, Geist und Seele. Der Körper steht für Mutter Erde, der Geist für den Kontakt zur Geistigen Welt, und die Seele steht für unsere wahre Herkunft, das Paradies. Somit gibt es drei Welten: Unsere Welt, die Geistige Welt und unsere himmlische Heimat.

Nachdem wir uns nun diese Version der Entstehung des Lebens angeschaut haben, wie sich der Zu-**Fall** Leben vielleicht auch abgespielt haben könnte, können wir es jetzt besser nachvollziehen, wenn wir hören, dass wir selbst uns die Schwierigkeiten in den Weg gelegt haben. Höchstwahrscheinlich haben wir der Geistigen Welt die Information hinterlassen, dass sie, wenn wir uns jetzt nicht auf das besinnen, was wir wirklich sind, mit dem Holzhammer kommen darf.

Und war es nicht so, dass die sogenannte Spaßgesellschaft alles daran gesetzt hat, um uns abzulenken? Waren wir nicht kurz davor, wieder in der Materie zu versinken?

Jetzt ist die Zeit der offenen Sternentore. Wir haben diese Öffnung hergestellt.

Um zu vermeiden, dass wir aus lauter Bequemlichkeit (Mensch sein ist ja soo schön...) die Heimkehr wieder einmal verhindern, haben wir um Ereignisse gebeten, die uns aufrütteln sollen. Hätten wir dies nicht getan, würden sich die Tore wieder schließen, und wer weiß, wie lange wir dann brauchen würden, um der Heimkehr noch einmal so nahe zu sein, wie wir es heute sind.

Äonen von Jahren haben wir gebraucht, um uns daran zu erinnern, wer wir wirklich sind und woher wir kommen. Unsere Sehnsucht und die tiefe Liebe zu unserer Heimat haben uns die Brücke gebaut, wieder nach Hause zu können. Jetzt ist die Zeit der Heimkehr, und deswegen haben so viele Menschen wunderbare Erkenntnisse.

Immer mehr Menschen entdecken ihre medialen Fähigkeiten. Immer mehr Menschen entdecken ihre Spiritualität, und immer mehr Menschen sind sich sicher, dass es eine Geistige Welt und auch eine Schöpferkraft gibt.

Immer mehr Menschen verstehen die Zusammenhänge zwischen Diesseits und Jenseits. All das, weil wir tausende von Jahren darauf hingearbeitet haben.

Die Sehnsucht nach zu Hause hat uns nicht ruhen lassen, weiterzuforschen und nach dem Weg zu suchen. Nun haben wir ihn. Anfangs haben wir uns nur zögerlich darauf gewagt. Wir wussten nicht, ob wir auf dem richtigen Weg waren, aber mit der Zeit war dies keine Frage mehr, und so liefen wir immer schneller. Nicht die Zeit ist schneller geworden, sondern wir.

☆☆☆☆☆

Die Veränderung der Zeitqualität

Bleiben wir einmal bei der Theorie der Wasserfälle. Als wir diese hinabstürzten, war dies zuerst eine rasante Talfahrt. Je tiefer wir fielen, umso langsamer wurde der Fall. Bis alles um uns herum scheinbar zum Stillstand kam. Wir befanden uns in der absoluten Leere und Stille. Aber auch in absoluter Dunkelheit.

Da wir feinstoffliche Wesen waren, die aus dem Licht kamen, war diese Situation sehr beängstigend für uns, und wir erschufen in unserer Not die Sonne, die Sterne und den Mond. Alle Galaxien sind von uns erschaffen worden. Wir waren an Licht gewöhnt, und wir hatten ja noch unsere Schöpferqualitäten.

Die Erde wurde erschaffen, und auch der Mensch. Wir erschufen uns die Welt so, wie wir dachten, in dieser Atmosphäre am besten existieren zu können.

Hier möchte ich noch einmal darauf hinweisen, dass ich nur Überlegungen anstelle. Ich erhebe nicht den Anspruch, meine Gedankengänge würden der Wahrheit entsprechen! Also fahre ich in meinen Überlegungen fort.

Dank unserer Religionen spukt in den Köpfen vieler Menschen eine andere Entstehungsgeschichte der Menschheit. Gott, Allah oder Manitu alleine haben das Universum, die Planeten und die Galaxien erschaffen. Und nur Gott hat den Menschen erschaffen usw. Ich frage nur, warum sollte er das getan haben? In seinem Reich war und ist alles im Einklang. Gott ist Alles-was ist. Um es mit den Worten Jesus auszudrücken: „**Ich bin,** der **ich**

bin. Ich bin **alles,** was ich bin und Alles-was-**ist**. **Ich bin eins**."

Gott ist also perfekt. Er ist in Allem-was-ist, und alles ist er. Wenn man es also salopp ausdrücken möchte, eine runde Sache. Wir sind nichts anderes als seine Nachkommen, also ebenfalls göttlich. Und wir ganz alleine könnten doch dafür verantwortlich sein, was geschah.

Nehmen wir also an, Gott hat uns nicht aus seinem Paradies verstoßen, sondern unsere Abenteuer- und Entdeckungslust hat uns an den Rand seines Reichs geführt und schließlich zu Fall gebracht. Von dem Moment an, als wir aus der Einheit fielen, fühlten wir uns schuldig. Etwas Furchtbares war geschehen, aber wir wollten uns die Schuld nicht eingestehen. Folglich redeten wir uns ein, dass Gott uns bestraft hätte. Und weil wir uns so schuldig fühlten, mochten wir Gott auch nicht um Hilfe bitten. Wir zogen es vor, seinem Reich fernzubleiben und hofften darauf, dass wir mit der Zeit aus eigener Kraft einen Weg zurückfinden würden.

Und so gesehen wäre die Geschichte von der Erbsünde, die jeder Mensch mit sich herumträgt, völlig gegenstandslos. Wenn man nun überhaupt von Schuld oder Sündenfall reden mag, dann bitte nur in einem Zusammenhang, nämlich, dass wir vor Äonen oder vor Anbeginn der Zeit aus den höchsten Höhen gefallen sind.

So gesehen war es unsere Schuld, aber wir sind nicht vertrieben worden. Wir waren nur diejenigen, die sich plötzlich in einem Nichts wiederfanden und das Beste daraus gemacht haben. Wir haben ein Ebenbild des Himmels erschaffen, und unsere menschlichen Körper sind eine Manifestation unseres feinstofflichen Erscheinungsbilds. Hatten wir anfangs noch eine enorm hohe Schwingungsfrequenz, so verdichtete sich auch diese im Laufe der Zeit. Ich sprach ja schon von all den untergegangen Hochkulturen.

Je dichter wir wurden, umso barbarischer wurden wir auch. Wir hatten nun alles vergessen: Woher wir kamen, wer wir waren und wohin wir eigentlich wollten. Die Materie hatte uns vollkommen im Griff. Und jedes Mal, wenn wir kurz davor waren, in die totale Materie zu fallen, tauchte ein Mahner aus der Geistigen Welt auf. Sie hatten klangvolle Namen wie Jesus, Mohammed, Eliah, Nostradamus und auch Rasputin, um nur einige aus der Neuzeit zu nennen.

Wir selbst haben unsere Freunde darum gebeten, unser Tun zu beobachten und helfend einzugreifen, wenn sie bemerken, dass wir uns zu weit entfernten. Ebenso haben wir um Unterstützung gebeten, was das irdische Leben anbelangte. Unsere Freunde aus der Geistigen Welt waren ja am Aufbau der Erde beteiligt, wussten also um die Zusammenhänge der elementaren Kräfte. Und so sandten sie uns unermüdlich ihre Abgesandten auf die Erde, die wir heute als Genies bezeichnen: Leonardo da Vinci, Wolfgang Amadeus Mozart, Thomas Edison, Nicolas Tesla, Marie und Pierre Curie, Michelangelo, Shakespeare, Diogenes, Pythagoras, Sokrates, Galileo Galilei, um nur einige von ihnen aufzuzählen. Sie alle haben uns bahnbrechende Erkenntnisse über die Zusammenhänge des

Universums geliefert, aber auch ebensolche bahnbrechende „Erfindungen“, die uns auf unserem Weg und unserer Entwicklung weiterhalfen. All dies hat dazu geführt, dass wir aus dem sogenannten dunklen Zeitalter in die neue Zeitqualität kamen.

Wir haben das Gefühl, die Zeit würde immer schneller rasen. Kaum noch finden wir Zeit für Muße und Entspannung. Ein Termin jagt den nächsten, und ehe wir uns versehen, ist die Hälfte oder mehr unseres Lebens schon vorbei.

Auch die Technik hat sich rasend schnell (mit der Tendenz steigend) entwickelt, und wir scheinen kaum noch hinterherzukommen.

Aber fast ebenso schnell ist auch unser Bewusstsein angestiegen, was erklärt, dass viele Menschen andere Wege gehen als die herkömmlichen. Gerade im Heilwesen zeichnet sich ein Wandel ab. Weg von der Technik, hin zum Menschen in seiner Ganzheit.

Immer mehr Heilpraktiker lassen sich nieder, und immer mehr Heiler arbeiten daran, Menschen ohne die medizinische Technik wieder zu heilen. Sie haben erkannt, dass Technik zwar gut und schön ist, aber eher beängstigend als heilbringend. Zudem sind sie sich dessen bewusst, dass es keinen Sinn macht, nur das Symptom zu behandeln, darum bemühen sie sich, der Ursache auf den Grund zu gehen. Dieser Bewusstseinswandel führte zu einer Energieanhebung, was wiederum eine Beschleunigung herbeiführte.

Egal, ob wir nun an die Möglichkeit der „neuen“ Schöpfungsgeschichte denken oder bei der herkömmlichen bleiben, so oder so ist eine Veränderung eingetreten. Und dies können wir an der Zeit feststellen. Sie scheint tatsächlich schneller zu werden, was ein Hinweis darauf ist, dass es wirklich heimwärts geht.

Das Experiment ist für viele von uns beendet. Lange genug waren wir von der Einheit, von Allem-was-ist getrennt, nun dürfen wir nach Hause. Die Geistige Welt unterstützt uns nach besten Kräften, sowohl energetisch wie auch mit Ereignissen.

Wissenschaftler haben festgestellt, dass sich das Magnetfeld der Erde verschoben hat, was zwingend notwendig ist, um in eine andere Schwingungsfrequenz zu gelangen. Die Energien sind angehoben worden, das heißt, alles erscheint uns schneller. Alles unterliegt der Veränderung.

Wer in lauen Sommernächten die Wanderung des Mondes beobachtet, wird feststellen, dass dieser von Zeit zu Zeit, also nicht jeden Abend, erheblich schneller durch das Himmelszelt wandert, als noch vor ca. zwei Jahren. Wenn mein Mann und ich dieses Phänomen nicht selbst beobachtet hätten, wir würden es auch nicht glauben. Für uns ist es ein sichtbares Zeichen, dass die Zeitfrequenz tatsächlich angehoben wurde. Es braucht natürlich noch seine Zeit, denn immer noch befinden wir uns im materiellen Raum.

Würde die Anhebung (oder sollte ich besser Aufhebung sagen?) der Zeit nicht in kleinen Schritten vorangehen, wären viele Menschen damit überfordert. Unsere Körper würden das nicht aushalten. Sie müssen langsam angepasst werden. Und doch erfolgt diese Anpassung auch individuell. Gerade die sogenannten Lichtarbeiter, also spirituell arbeitende Menschen, die sensibel für Schwingungen sind, haben Probleme, gesundheitliche wie auch andere.

Gesundheitliche Auswirkungen der Anhebung können sein: Schlafstörungen, Herzrhythmusstörungen, Kopfschmerzen, Zerstreutheit oder Vergesslichkeit, Appetitlosigkeit oder auch das Gegenteil, Stimmungsschwankungen wie unbändige Freude und Phasen der Trauer und plötzlich auftauchende unerklärliche Ängste. Andere Auswirkungen wären Partnerschaft- oder Jobverlust oder andere unerwartete Veränderungen. All das sind Auswirkungen der Energieanhebung und der damit einhergehenden Zeitverschiebung.

Die gesundheitlichen Störungen wirken sich direkt auf unseren Körper aus. Wem das zu viel wird, der kann darum bitten, man möge langsamer mit ihm verfahren, und augenblicklich tritt Besserung ein.

In ihrer Freude, dass wir Menschen nun bereit sind, nach Hause zu gehen, schießt die Geistige Welt oft über das Ziel hinaus. Sie vergießt schlicht und einfach, dass wir ja noch aus Materie bestehen. Erinnern wir sie daran, wird sie sofort ihr freudiges Tun verlangsamen.

Aber auch Menschen, die sich ihrer Spiritualität nicht bewusst sind, können an diesen Symptomen leiden. Das sind zum Teil unsere sogenannten Hypochonder. Verzweifelt rennen sie von Arzt zu Arzt in der Hoffnung, dort Hilfe zu bekommen. Sie alle haben, genau wie wir, einen Lebensvertrag abgeschlossen, und sie haben vergessen, dass sie sich in diesem Leben der Geistigen Welt zuwenden wollten. All ihre Zipperlein sind die Auswirkungen der Geistigen Welt, die ja noch weiß, woran man in diesem Leben arbeiten wollte, und uns liebevoll mit der dazugehörigen Energie versorgt. Sie weiß ja, warum wir dieses Leben haben wollten und versucht auf diese Weise, auf sich aufmerksam zu machen.

Der andere Teil der Hypochonder hat eher seelische Probleme. Hat die Seele zu wenig Aufmerksamkeit bekommen, so ist dies ihr Weg, auf sich aufmerksam zu machen. Aber auch hier helfen leider keine Pillen.

Ein anderes Phänomen der neuen Zeitqualität ist, dass wir innerhalb kürzester Zeit Unmengen verarbeiten können. Selbst wenn der Himmel über uns einstürzt, weil sich die Ereignisse förmlich überschlagen, verkraften wir Schicksalsschläge weitaus besser, als wir es vorher konnten. Erstaunlicherweise treffen sie uns zwar immer noch bis ins Mark, aber wir werden schneller damit fertig. Auch das hat mit der Neuen Zeit zu tun. Es ist nicht mehr angemessen, in Trauer zu erstarren oder in Schwermut zu versinken. Die Neue Zeit bringt Freude mit sich, auch wenn es im Moment überhaupt nicht danach aussieht.

Schaut man auf die Welt, dann sieht man überall Veränderung. Die Gesellschaften verwandeln sich ebenso wie die eingefahrenen Strukturen. Alles, was uns jemals dazu verholfen hat, uns sicher in der Materie zu bewegen, wird aufgehoben. Daher der weltweite Zusammenbruch alter bestehender Normen.

Wir erleben im Moment den langsamen Zerfall unserer Regeln und Strukturen, die uns bis heute Sicherheit gegeben haben. Und das muss auch so sein, denn sie haben ausgedient. Es wird uns etwas weggenommen, an dem wir uns über Generationen orientieren konnten. In der Neuen Zeit brauchen wir uns nicht mehr im Außen zu orientieren. Es ist die Zeit der Rück-be-**SINN**-ung.

Da uns so nach und nach alles Äußerliche weggenommen wird, bleibt uns nichts anderes übrig, als uns darauf zu besinnen, was für neue Möglichkeiten sich damit für uns eröffnen. Anstatt zu wehklagen und zu jammern, sollten wir im vollen Vertrauen auf die Geistige Welt annehmen, was kommt. Die Energie des Jammerns macht alles nur noch schwieriger. Viel einfacher ist es (bildlich gesprochen), die Hände in den Schoß zu legen und zu vertrauen, nicht nur der Geistigen Welt, sondern auch sich selbst.

Sich dem, was kommt, zu öffnen, auch unseren Mitmenschen gegenüber, ist das Einzige, was wir tun können, wenn wir nicht überrollt werden wollen. Es ist die Zeit der Gemeinsamkeit, des Zusammenhaltens. Öffnen wir uns unseren Mitmenschen und unterstützen sie in diesem Umwandlungsprozess, so ist dies ein Akt der Nächstenliebe, der unweigerlich auf uns zurückfällt. Getragen von Liebe gibt es nichts, was wir nicht bewirken können, und es gibt nichts, wovor wir Angst haben müssten.

Sicherlich ist es traurig, wenn man seine Arbeit verliert, aber das ist kein Grund, den Kopf in den Sand zu stecken. Wer dies tut, versinkt vollkommen in der Energie des Mangels und sieht das Licht am Horizont nicht mehr. Es gibt kein Zurück, die Neue Zeit ist eingeläutet, und sie bringt Freude mit sich. Alte Werte müssen weichen, damit sich die neuen manifestieren können, nämlich unsere inneren Werte. Unser wahres Wesen darf nun aus der Dunkelheit heraustreten und sich im vollen Glanz entfalten.

Es kommt nicht darauf an, wie viel man sich im Leben erwirtschaftet hat, (mitnehmen kann man Geld und Güter sowieso nicht), nein, es kommt darauf an, welchen Wert man sich selbst beimisst.

Wer liebevoll mit sich und den anderen umgeht, der hat mehr Wert als so mancher Milliardär. Und wer sein Herz für die wahren Werte geöffnet hat, der weiß, dass das Leben nur ein Spiel ist und wird sich nicht dagegen auflehnen, geschweige denn jammern und wehklagen.

Das Wissen darum, dass es eine Geistige Welt gibt, dass man als maskierter Engel auf Erden wandelt, sollte jeden von uns befähigen, liebevoll miteinander umzugehen.

Wir alle sind Lichtwesen, und anstatt uns das Leben gegenseitig schwer zu machen, sollten wir uns anerkennend auf die Schultern klopfen: „Du auch hier? Schön! Erzähl mal, wie empfindest du das Leben?“ Jeder von uns hat seine eigene spezifische Erinnerung an die Geistige Welt. Und auch das wird in der neuen Zeitqualität möglich sein, nämlich dem anderem zuzuhören: „Erzähl mir von deinen Erinnerungen.“

Religionen scheinen unterschiedlich zu sein, und doch haben sie Gemeinsamkeiten, nämlich, dass es nur eine Wahrheit gibt; die unterschiedlichen Darstellungen entspringen nur den unterschiedlichen Erinnerungen an die Geistige Welt. Und das ist wohl eher ein Grund, neugierig und offen aufeinander zuzugehen, als sich wegen unterschiedlicher Glaubensauffassungen zu bekämpfen.

Öffnen wir uns also der Neuen Zeit und ihrer heilbringenden Qualität, denn sich dagegen auflehnen ist nicht ratsam. Wie die Natur sollten wir uns dem Sturm, der über uns fegt, hingeben. Trotzen wir ihm, werden wir daran zerbrechen. In diesem Zusammenhang möchte ich das Thema vom Rhythmus der Jahreszeiten noch einmal aufnehmen. (Danke für eure Erinnerung.)

Viele werden festgestellt haben, dass sich auch der frühere Rhythmus der Natur verändert hat. Längst sind unsere Sommer keine Sommer mehr, so wie manche Kinder schon gar nicht mehr wüssten, was Schnee ist, würden sie nicht mit ihren Eltern in die Berge fahren. Gerade am Beispiel Natur haben wir den Beweis der Veränderung des Magnetismus und der neuen Zeitqualität.

Da wir uns im direkten Aufstieg befinden, werden die alten Werte nicht mehr benötigt. Somit verliert auch die Astrologie ihre Kraft, denn wir brauchen sie nicht mehr. Wir brauchen uns nicht mehr nach außen zu wenden, um herauszufinden, wer wir sind. Wie selbstverständlich werden wir das Wissen über uns aus uns selbst herausholen.

Und da wir uns im Aufstieg befinden, verändern sich auch die Naturgesetze. Wir werden zu einem neuem Lebensrhythmus finden, da das Rad der Inkarnationen aufhören wird, sich zu drehen.

Unsere Jahreszeiten und unsere Tierkreiszeichen hatten ihre Gültigkeit und waren uns eine große Hilfe, im Rhythmus allen Lebens zu bleiben, doch nun dürfen sie sich verabschieden.

Alles ist im Wandel, Mutter Erde wie auch unsere Gestirne, unsere Ge-Zeiten, und zuletzt wir selbst. Trotzdem wird es Menschen geben, die diese Veränderungen gar nicht wahrnehmen und uns vielleicht sogar für verrückt erklären. Das liegt an den unterschiedlichen Entwicklungs- und Wahrnehmungsstufen, und wir sollten sanft mit diesen Menschen umgehen, denn einerseits schlafen sie noch, aber andererseits halten sie gerade durch diesen Zustand die alten Energien noch aufrecht. Gäbe es sie nicht, würde sich der Wandel nicht so sanft abspielen.

☆☆☆☆☆

Alles ist Energie

Auch wenn wir uns in der Materie befinden, so besteht doch letztendlich alles aus Energie. Eine Mauer mag uns noch so undurchdringlich erscheinen, sie ist es nicht. Würden wir es schaffen, uns der Schwingungsqualität der Mauer anzupassen, könnten wir uns, ohne Schaden zu nehmen, durch sie hindurchbewegen. Ich bin überzeugt davon, dass auch dies zu einem späterem Zeitpunkt möglich sein wird.

Ich sagte ja bereits schon, dass medial veranlagte Menschen nur deswegen medial sein können, weil sie es verstehen, ihre Schwingung anzuheben, also zu erhöhen. Warum sollte also nicht auch der umgekehrte Fall möglich sein? Alles ist eine Frage der Energie und welche Form wir anwenden wollen.

Wir haben immer noch nicht begriffen, wer und was wir wirklich sind, und welche ungeahnten Möglichkeiten in uns stecken. Dass wir alle Lichtwesen sind, ist ja nun keine Frage mehr, oder? Wer es immer noch nicht glauben mag, der lasse sich eine Aurafotografie erstellen, dann sieht er mit eigenen Augen, dass er sehr wohl ein Lichtwesen ist.

Licht ist natürlich ebenfalls nur eine von vielen Energieformen. So wie der Wind, das Wasser, die Luft, die Erde, unsere Planeten und das gesamte Universum höchst unterschiedliche Formen aufweisen. Alles, was uns umgibt, ist nichts anderes als unterschiedliche Energieformen. Genau wie das Wunderwerk Mensch. Wir bestehen aus fester Materie, also unserem Körper, benutzen in der Regel unseren Verstand, der eine Mischung aus Materie und feinstofflicher Energie (unser Geist) ist und werden bewohnt von einer noch höher schwingenden Kraft, der Seele. Wenn alle drei im Einklang sind, ist der Mensch nicht nur gesund, sondern auch auf dem richtigen Weg. Leben wir ständig gegen unsere eigene Wahrheit, erkrankt als Erstes die Seele. Da sie die Einzige ist, die um den Lebensplan weiß, sich also erinnern kann, wird sie traurig darüber, wenn sie immer überhört wird. Somit bahnen sich Krankheiten, lange bevor der Mensch sie in seinem Körper feststellt, auf der feinstofflichen Ebene an.

Als Nächstes „erkrankt" der Geist: „Ich weiß nicht, was ich habe, aber ich fühle mich nicht gut." Noch hat sich das Krankheitsbild nicht im Körper manifestiert. Wir fangen nur die Signale auf, die uns unsere Seele sendet. Leider wissen wir sie nicht zu deuten, und so beobachten wir uns argwöhnisch oder hoffen darauf, dass unser Unwohlsein von alleine verschwindet. Da wir ja zwischen unserem Lebensplan und den Verstößen dagegen keinen Zusammenhang sehen, kommt uns nicht in den Sinn, die Veränderungen in uns als das zu sehen, was sie sind: Erinnerungen und Warnungen.

Und so hoffen wir, dass schon alles gut gehen wird und machen weiter wie bisher. Wenn wir nicht auf unsere Stimme hören und sie einfach wegwischen, gibt die Seele irgendwann auf, uns zu warnen, und wir lehnen uns beruhigt zurück.

Hier nun tritt früher oder später Stufe Drei in Kraft, denn jetzt erkrankt der Körper. Mitunter dauert es Jahre, bis die Krankheit sich im Außen zeigt. Angelegt wird sie recht früh, geschieht aber keine Veränderung, manifestiert sie sich nach und nach, bis sie ausbricht und für uns sichtbar an der Oberfläche erscheint. Aber auch wenn es so weit gekommen ist, ist immer noch die Chance zur Wende. Wer die Krankheit als das begreift, was sie ist, der wird sich mit ihr auseinandersetzen, wird den Bezug zu seinem Verhalten und seinem Leben herstellen und ändern, was er ändern kann.

Je nach Schweregrad eines Krankheitsbildes und je nach Uneinsicht kann man sagen, dass in allerletzter Instanz der Körper auf diesem Wege abgeschaltet wird. Die Seele sieht nämlich keine Notwendigkeit mehr, in diesem Körper und diesem menschlichen Bewusstsein zu verharren und leitet das Zerstörungsprogramm ein. Heilung kann immer nur dann erfolgen, wenn der Wunsch nach Verstehen dahinter steht. Wer versteht, ändert sein Bewusstsein und seine Geisteshaltung. Was die Seele freut und veranlasst, sämtliche Selbstheilungskräfte des Körpers zu aktivieren.

Es genügt also, seine Geisteshaltung zu ändern, um den ersten Schritt zur Heilung anzutreten, womit wieder einmal bewiesen ist, wie machtvoll die Energie unsere Gedanken ist.

Aber Vorsicht! Es macht leider auch keinen Sinn, sich alles schönzureden. Aus einer Schweinsblase macht man nun einmal kein Seidentuch. Man muss schon hinschauen und sich fragen, was einem die Krankheit sagen will. Wunderbare Hilfen dazu gibt es beispielsweise von Menschen wie Rüdiger Dahlke, Thorwald Dethlefsen, Alexander Lowen und Louise L. Hay.

Es spielt übrigens keine Rolle, welchen Heilungsweg man sich im Falle einer Krankheit aussucht. Für die einen mag die Schulmedizin richtig sein, für die anderen die alternativen Heilmethoden, und wieder für andere ist eine Mischung aus beiden das richtige. Allein der Wille, hinzuschauen und gegebenenfalls etwas zu verändern, bewirkt Heilung. Sicherlich nicht bei allen, denn es gibt genug unter uns, die sich eine Krankheit in ihr Leben geschrieben haben, weil ihnen diese Erfahrung noch fehlte.

Anhand des Beispiels von Krankheiten haben wir gesehen, dass sie energetisch bedingt sind, ausgenommen die Krankheiten, die durch Lebensmittel und Umweltgifte ausgelöst werden. Wir bestehen aus Energie, und nur wenn wir das verinnerlicht haben, können wir mit allem, was uns widerfährt, richtig umgehen. So rate ich allen Pessimisten dieser Welt, diese Geisteshaltung abzulegen. Sie tut euch nicht gut, macht euch das Leben unnötig schwer und zieht euch im Laufe der Jahre immer tiefer runter. Trainiert euch an, positiver zu denken. Schaut euch den Film „Hook" von Stephen Spielberg an, denn dort wird auf wunderbare Weise gezeigt, was positive Gedanken bewirken, sie verleihen nämlich buchstäblich Flügel.

Wer es versteht, seine Schwingungen so oft es geht hochzuhalten, der wird ganz von alleine immer höher kommen und sich selbst neu entdecken. Hinzu kommt die Resonanz, was wir ja tagtäglich erleben. Haben wir gute

Laune, treffen wir auf lauter Menschen, die ebenfalls in dieser positiven Schwingung sind. Sind wir mit dem falschen Bein aufgestanden... oh weia! Es liegt an uns, wie wir mit unseren Energien umgehen. Wir haben beide Pole in uns sowie die Unterstützung der Seele, die nur darauf aus ist, uns im energetischen Gleichgewicht zu halten. Aber gegen unseren Willen? Da kann auch sie nichts ausrichten.

Verlagern wir doch die Energien von außen nach innen. Hören wir auf, uns ständig vom Jahrmarkt des Alltags mitreißen zu lassen und wenden uns den wahren Ereignissen zu. Wie immer liegt die Wahrheit direkt vor unserer Nase. So nahe, dass wir sie nicht sehen können. So wie wir den Wald vor lauter Bäumen nicht sehen, so sehen wir auch die Lösung unserer Probleme nicht.

Wir müssen verstehen lernen, dass alles um uns Energie ist, wir selbst Energiewesen sind und uns folgerichtig auch energetisch helfen können. Sowohl untereinander, wie auch uns selbst.

Und dann gibt es da noch die Energie, die von der Geistigen Welt kommt. Die Energieform der Liebe. Sie ist eine andere als die Liebe, die wir auf der Erde erleben. Sie ist eine bedingungslose Liebe und in ihrer reinen Essenz göttlich.

Wenn wir Menschen Liebe zum Leben, Liebe zu unseren Mitmenschen, Liebe zu unserer Natur und unserer Schöpfung und Liebe für uns selbst entwickeln, dann kommen wir unserem wahren Selbst auf die Spur, was Heilung auf allen Ebenen bewirkt.

Energetische Hilfsmittel zum Erhalt der Gesundheit

Was braucht ein Geschöpf, das in seiner Essenz reine Energie ist, um gesund leben zu können? Energie natürlich.

Für alles Leben auf der Erde ist in erster Linie das Licht der Sonne der Lebensspender schlechthin. Ohne die Sonne gäbe es kein Leben. Und selbst auf dem tiefsten Meeresgrund würde kein Leben ohne die Strahlung der Sonne möglich sein. Nicht nur, dass die Sonne Tag für Tag am Himmel steht, uns wärmt und am Leben erhält, nein, sie ist auch die sichtbare Erinnerung an uns, wer wir sind.

Wie sehr wir Lichtwesen sind, ist ja nun hinreichend bekannt, und ein weiteres Beispiel dafür ist unser Wunderwerk Körper. Außer unseren Organen, Gefäßen, Blutbahnen, Meridianen und vieles mehr sind wir mit sogenannten Chakren (diese werden auch als Lichträder übersetzt) ausgestattet, sogenannte Energiezentren, die sich entlang der Wirbelsäule aufreihen wie eine Perlenkette. In Asien weiß man schon lange von den Energiezentren im menschlichen Körper, und mit der Zeit ist dieses Wissen auch zu uns gekommen.

Der Einfachheit halber stelle ich hier nur die sieben Hauptchakren vor:

Der Mensch besitzt ein Kronen- oder Scheitelchakra, das sich oberhalb des Kopfes befindet. Es folgt das Stirnchakra, der Sitz des Dritten Auges. Weiter geht es zum Kehlkopf wo das nächste Chakra zu finden ist. Wir haben ein Herzchakra und ein Chakra im Solarpexus. Es folgt das Nabelchakra und im Genitalbereich das Wurzelchakra.

Das Kronenchakra ist unsere Verbindung zur Geistigen Welt. Das Dritte Auge befähigt uns zu einer anderen Sichtweise. Menschen, bei denen es geöffnet ist, können Vergangenheit, Gegenwart und Tendenzen der Zukunft für andere sehen.

Das Kehlkopfchakra ist für unseren Ausdruck und für die Sprache zuständig und unterstützt uns bei unserer Kommunikation.

Das Herzchakra lässt uns Liebe empfinden und geben.

Im Solarpexus verbergen sich unsere Gefühle, und unser Instinkt hat seinen Sitz in unserem Bauch.

Das Wurzelchakra verbindet uns mit der Energie von Mutter Erde.

All diesen Chakren sind unterschiedliche Farben zugeordnet. Vom Wurzelchakra, dem ersten Chakra, aufwärts bis zum Kronenchakra sind dies Rot, Orange, Gelb, Grün, Blau, Indigo bis Violett, also alle Farben des Regenbogens. Wir bestehen also auch aus Farben, was ein nochmaliger Hinweis darauf ist, dass wir Lichtwesen sind.

Da alles, was lebt, in irgendeiner Form Energie benötigt, haben unsere Chakren genau diese Funktion. Nämlich, uns energetisch zu versorgen. Wenn wir als unschuldige Kinder die Welt betreten, sind wir mit allem ausgestattet, was wir für ein irdisches Leben brauchen, und so funktionieren unsere Chakren noch einwandfrei. Im Laufe unseres Lebens, und je nachdem, welche Erfahrungen wir machen, kann es zu Störungen in unseren Chakren kommen. Aber auch dann, wenn man ihnen keine Beachtung schenkt.

Es gibt inzwischen unzählige Meditationen, die uns dabei helfen, unsere Chakren wieder auszugleichen. Auch im REI KI kennt man den sogenannten Chakren-Ausgleich.

Aber die einfachste Methode, seine Chakren im Gleichgewicht zu halten, findet unter Anwendung des Sonnenlichts statt. Seit jeher rühren Sonnenauf- und -untergänge auf ganz besondere Art unser Herz an. Wer sich die Zeit nimmt, Sonnenauf- und -untergänge zu betrachten, badet buchstäblich seine Seele im Licht. Kaum einer mag dabei reden. Jeder ist auf seine Weise von diesem ganz besonderen Licht angerührt. Magie liegt in der Luft, und es ist tatsächlich Magie. Nicht nur, dass diese Momente einfach wunderschön sind, nein, es gibt noch einen anderen wichtigen Grund, warum gerade diese Ereignisse unsere Herzen so anrühren. Der natürliche Rhythmus des Menschen ist, mit dem Sonnenlicht zu erwachen und mit dem Sonnenuntergang schlafen zu gehen (wobei es selbstverständlich wie immer Ausnahmen gibt). Das ist in unserer heutigen Zeit natürlich nicht mehr machbar, aber trotzdem ist es möglich, sich das Sonnenlicht zunutze zu machen. Wer es, schafft bei Sonnenaufgang aufzustehen und ein Sonnenbad zu nehmen, also sich der Strahlung zu stellen, der wird feststellen, dass seine Tage leichter werden.

Unser Kronenchakra ist die direkte Verbindung zur göttlichen Quelle und somit immer intakt! Das Licht des Sonnenaufgangs aktiviert also nur unsere oberen drei

Chakren wie Stirn, Kehlkopf und Herz, so dass wir genug Energie für den Tag haben. Dadurch werden wir aufnahmefähig, unser Gehirn arbeitet auf Hochtouren und unser Herz ist geöffnet für alles, was uns begegnen will. Im Laufe des Tages lässt die kraftvolle Energie nach, was auch sein muss, denn sonst würden wir nicht zur Ruhe kommen.

Mit dem Sonnenuntergang werden die unteren drei Chakren aktiviert. Von daher ist es kein Wunder, dass Aktivitäten, die mit Genuss zu tun haben, auf den Abend verlegt werden. Sei es essen zu gehen, einen Film im Kino anzusehen oder sich liebevoll einander zuzuwenden. Während wir tagsüber dank des Sonnenlichts motiviert sind, uns der Außenwelt zu stellen, dürfen wir uns abends uns und unseren Bedürfnissen zuwenden. Das ist die einfachste Methode, sich und seine Chakren im Gleichgewicht zu halten.

Wir alle kennen dieses Phänomen aus dem Urlaub. Da wir uns selten Sonnenauf- und Sonnenuntergänge entgehen lassen, werden unsere Chakren in dieser Zeit auf natürliche Weise aktiviert. Wir sehen nur keinen Zusammenhang darin, warum wir uns im Urlaub so anders und wohl fühlen. Aber intuitiv ist das Wissen darum angelegt. Wir Deutschen sollen ja Weltmeister im Verreisen sein, was darauf schließen lässt, dass wir unbewusst ein sehr spirituelles Volk sind, was gar nicht so abwegig ist. Schließlich waren wir einmal das Land der Dichter und Denker.

Neuerdings melden sich „Heiler“ zu Wort, die entdeckt haben wollen, dass es nicht gut ist, mit geöffneten Chakren durchs Leben zu gehen. Und tatsächlich erklären sie sich bereit, bei jedem, der es möchte, die Chakren zu schließen. Nach meinen Erkenntnissen ist dies zum einem schlicht unmöglich und zum zweiten auch gar nicht vorgesehen. Würden unsere Chakren tatsächlich geschlossen, würde es wohl nicht lange dauern, und wir würden, energetisch gesehen, buchstäblich verhungern und höchstwahrscheinlich daran sterben. Lasst euch also nicht auf so einen Kuhhandel ein. Kuhhandel insofern, als ihr nur euer wohlverdientes Geld jemandem zukommen lasst, der absolut nichts dafür tut, außer Ängste zu wecken.

Wir sehen also anhand der Sonne, dass auch für unser wahres Wesen, unser Licht(-wesen), gesorgt ist. Wer sich nun fragt, wann das Kronenchakra aktiviert wird, dem sei noch einmal gesagt, dass dieses Chakra immer geöffnet und aktiv ist. Es ist unsere Verbindung zur Geistigen Welt, und diese besteht immer, Tag und Nacht.

Hier noch ein Tipp, sich die Energie der Sonne zunutze zu machen: Wir nehmen das Licht der Sonne auch über unsere Augen auf und sollten es tunlichst vermeiden, Sonnenbrillen aufzusetzen. Noch schlimmer als Sonnenbrillen (weil diese ja nicht ständig getragen werden) sind die allseits beliebten selbsttönenden Brillengläser bei Menschen, die kurzsichtig sind. Ich kann nur dringlichst davon abraten, denn durch die Selbsttönung tappen wir buchstäblich im Dunkeln. Dem Gehirn wird vorgegaukelt, dass es Abend oder Nacht ist, und so werden viele natürliche Körperfunktionen mit der Zeit eingestellt, was sogar dazu führen kann, dass so manche Frau schon mit Ende dreißig in die Wechseljahre kommt. Und es begünstigt die neue Volkskrankheit: Depression. Es ist kein Wunder, dass eine Seele, der das natürliche Licht vorenthalten wird, auf Dauer in Schwermut versinkt. In ihrer reinsten Form ist sie Licht, und sie braucht Licht, um glücklich zu sein. Auch wenn Sonnenbrillen noch so schick sind, FINGER WEG.

Natürlich können wir uns zusätzlich zur Sonne mit Licht und Farben versorgen. Angefangen von der Kleidung, die wir tragen, bis hin zu dem, was wir essen, ist alles Farbe. Wie wir an unseren Haushaltsgeräten, Schuhen und unserer Kleidung sehen können, wird unsere Welt immer bunter, was gut ist. Vorbei die Zeit der grauen Mäuse. Alles ist Farbe, so wie auch alles Klang ist. Aber dazu komme ich gleich noch. Alles um uns herum besteht aus Schwingungen, denn Farben sind nichts anderes als sichtbare Schwingungen, so wie Klänge hörbare Schwingungen sind.

Ein wunderbarer sanfter Weg, sich mit Farben zu versorgen und zu unterstützen, um in einem gesunden Gleichgewicht zu bleiben, ist die bahnbrechende Entdeckung der englischen Apothekertochter Vicky Wall. Ihre Essenzen, damals noch Balanceöle genannt, bezeichnete sie selbst als Juwelen. Es war die Geburtsstunde von Aura Soma.

Aura kommt aus dem lateinischen und bedeutet soviel wie: Hauch, oder Schimmer oder Dunst. **Soma** ist ein altgriechisches Wort und heißt übersetzt: Körper. Eine treffendere Bezeichnung hätte Vicky Wall ihren Juwelen nicht geben können.

Überall auf der Welt gibt es inzwischen Aura Soma Berater, und sie alle tragen den Geist von Vicky Wall weiter. Nämlich, den Menschen auf einfache Weise, in energetischer Form, Hilfe und Heilung zu geben.

Zu den energetischen Hilfen gehört auch REI KI. REI KI ist ebenfalls eine Heilenergie, nur dass sie direkt aus den Händen auf andere übertragen wird.

Die Farbe von REI KI ist Grün. Wer weiß, dass die Farbe des obersten Heilerengels Raphael ebenfalls Grün ist, der wundert sich darüber nicht, oder? Nein, es gibt keinen Grund, sich zu wundern, es sei denn, man denkt immer noch, man wäre „nur" ein Mensch.

Und so gibt es unzählige verschiedene Formen von Energiearbeit. Dazu gehört auch die Klangschalentherapie. Das lateinische Wort „Persona" drückt ganz genau aus, was wir sind. Frei übersetzt würde es Ton heißen, also bestehen wir auch aus der Schwingung „Klang".

Jeder Mensch hat seinen ureigenen Grundton, auf dem er schwingt. Setzt er sich Tönen aus, die nicht zu seiner Schwingungsfrequenz passen, so empfindet er sie als disharmonisch, was dazu führen kann, bei manchen Musikstücken, denen er ausgesetzt wird, regelrecht aggressiv zu werden. Klangschalen bringen uns wieder in Einklang mit unseren Tönen, und die Schwingungen der unterschiedlichen Klänge sprechen unterschiedliche Bereiche in unserem Körper an.

Egal, ob REI KI, Aura Soma oder Klangschalen, Bachblüten oder Schüsslersalze, alle arbeiten ganzheitlich für Körper, Geist und Seele.

Es würde hier den Rahmen sprengen, wenn ich noch andere Systeme vorstellen würde, die ebenfalls auf energetischer Linie arbeiten und mit Sicherheit genauso erfolgreich wie meine angeführten Beispiele sind. Von daher darf sich jeder angesprochen fühlen, der in irgendeiner Form damit arbeitet oder der Empfänger ist. REI KI, Aura Soma, Klangschalen usw. sind nur Beispiele für viele wertvolle Systeme.

Letztendlich ist jedes System „nur" eine Krücke. Denn auch hier gilt, wer nichts an sich verändern möchte, wer also nicht bereit ist, für sich selbst zu sorgen und die Verantwortung zu übernehmen, der wird früher oder später feststellen, dass ihm all diese zur Verfügung stehenden Angebote nichts mehr geben können. Denn wir selbst haben das größte Heilpotenzial in uns, wir brauchen nur auf uns selbst zu hören. Angefangen damit, dass wir sofort ins Bett gehen, wenn wir müde sind, anstatt dann doch die Nacht zum Tag zu machen, bis dahin, damit aufzuhören, uns ständig Situationen auszusetzen, in denen wir uns nicht wohlfühlen.

Menschen, die nicht auf unserer Schwingungsfrequenz liegen, sollten wir meiden, da sie uns nicht guttun. Wobei uns nicht der Mensch selbst schadet, sondern die Frequenz des Aurafelds. Unsere Aurafelder reiben sich nur unnötig aneinander, und wir spüren es körperlich, indem wir uns rundherum unwohl fühlen.

Anstatt immer zu essen, wenn etwas angeboten wird oder man meint, dass jetzt Essenszeit ist, sollte man nur dann zugreifen oder sich etwas zubereiten, wenn der Körper wirklich Hunger anmeldet.

Der wichtigste Heiler aber für uns alle ist – außer, dass wir uns selbst erlauben, heil zu sein – das Wasser. Die meisten Menschen wissen gar nicht mehr, was Durst ist und sind sogar der Meinung, dass sie genügend trinken. Das mag ja sein: Kaffee, Tee, Säfte, Sprudel, Alkohol und Milch.

Aber Wasser? Wer denkt schon daran, täglich bis zu drei Liter Wasser zu trinken? Mal ehrlich, die wenigsten, oder? Dabei ist gerade das Wasser für unsere Organe lebenswichtig, aber auch für unsere energetische Reinigung. Warum benutzen wir es überwiegend nur für die äußerliche Reinigung? Die innere ist genauso wichtig!! Das Wasser transportiert nämlich viele schädliche Einflüsse wieder nach draußen und sorgt so ebenfalls für Klarheit auf allen Ebenen. Trinkt, Leute, trinkt, was das Zeug hält, aber bitte Wasser.

Letztendlich ist aber unsere Geisteshaltung mit verantwortlich, ob wir gesund oder krank sind oder ob wir Störungen zu verzeichnen haben. Es ist alles eine Sache der Geisteshaltung. Sind wir davon überzeugt, ein Pechvogel zu sein, der alles anzieht, was man seinem ärgsten Feind nicht wünscht, so kommen diese Dinge unweigerlich auf uns zu. Sind wir gelassen und ruhen in unserer Mitte, kann uns nichts herausreißen. Und wenn wir uns dann auf all die wunderbaren Zusammenhänge besinnen, sind wir praktisch durch nichts aus der Ruhe zu bringen.

Wenn Körper, Geist und Seele im Einklang sind, vermögen wir mit Allem-was-ist gelassen umzugehen.

Gelassenheit

Warum sich über alles, jedes und jeden aufregen?

Die meisten von uns sind ihr ganzes Leben damit beschäftigt, sich über irgendetwas aufzuregen. Sei es über den Nachbarn, seine Arbeitskollegen, den Ehepartner bis hin zu weltpolitischen oder weltwirtschaftlichen Ereignissen. Was haben wir nur davon? Nun, ich kann sagen, außer, dass wir uns damit selbst schaden, herzlich wenig. Wenn mir jemand auch nur einen plausiblen Grund nennen kann, warum es sich lohnt, sich für Ereignisse oder für andere aufzuregen, lasse ich mich gerne eines Besseren belehren.

Wahrscheinlich würde jetzt vielen von euch einiges einfallen, um mir zu erklären, dass es sich sehr wohl lohnt, dennoch möchte ich hier aus spiritueller Sicht versuchen, die Argumente zu entkräften. Wer zum Beispiel seinen Job verloren hat, was mit Sicherheit kein freudiges Ereignis ist, fällt in der Regel erst einmal in ein tiefes Loch. Gestern war noch alles in Ordnung, und heute steht seine Welt Kopf. Wie soll es nur weitergehen? In Anbetracht der Situation steigen vor dem Geistigen Auge die schlimmsten Schreckenszenarien auf: Job weg, Geld weg, Auto weg, Haus weg, Freunde weg, wohlmöglich der Ehepartner auch noch weg. All dies spielt sich in unseren Köpfen ab.

Wir sind buchstäblich nicht mehr Herr unserer Sinne und somit vollkommen durcheinander. Jede Reaktion, die wir ausleben. löst eine biochemische Reaktion in unserem Körper aus: Wir haben Stress. Und Stress kann böse Folgen haben. Er macht uns krank.

Ich kann nur jedem raten, so gelassen wie möglich mit allem umzugehen, was ihm im Leben widerfährt. Bei allem, was wir tun, kommt es auf die Einstellung an. Genauso, wie es darauf ankommt, wie man im ersten Moment einer schlechten Nachricht reagiert. Vergesst bitte nicht, dass alles Energie ist. Jeder Gedanke von uns ist Energie.

Regen wir uns schon auf bevor wir zum Beispiel einen amtlichen Brief öffnen, weil wir das Schlimmste erwarten, geben wir damit im Vorfeld negative Energie hinein, die beim Lesen des Briefes nur heftiger wird. Was zur Folge hat, dass uns die Botschaft des Briefes vollends erschlägt. Da wir uns durch unsere Einstellung energetisch selbst heruntergefahren haben, uns also nicht mehr auf unserer normalen Schwingungsfrequenz befinden, wird es ab diesem Zeitpunkt für uns doppelt schwer. Die Situation fängt an, uns zu erdrücken. Wir machen uns Luft, indem wir den Verfasser des Briefes verbal in Stücke reißen (oder denjenigen, der dahinter steht). Der nächste Schritt ist, dass wir es so vielen wie möglich erzählen: „Stell dir vor, da hat doch tatsächlich..." Damit erhöhen wir die negative Energie immer weiter, bis wir vor lauter überlaufender schlechter Energie Gegenmaßnahmen einleiten, und damit ist das Fass dann voll.

In Deutschland sind unzählige Richter damit beschäftigt, die Wogen wieder zu glätten, und was passiert? Kopfschüttelnd gehen wir aus dem Gerichtssaal und fragen uns, wo die Gerechtigkeit geblieben ist. Dabei konnte sie sich nicht durchsetzen, weil im Vorfeld zu viel negative Energie hineingegeben wurde. Sätze wie: „Dem oder der werde ich es zeigen“, lassen die Gerechtigkeit vor der Gerichtssaaltür stehen.

Es kommt immer auf die Einstellung an. Wer gelassen bleibt und in sich ruht, also weder positive noch negative Energie in eine Sache hineingibt, der wird gewinnen. Und selbst wenn ein Prozess gegen ihn entschieden wird, so hat er doch den Gewinn der Erfahrung und den Gewinn seines unveränderten guten Gesundheitszustands.

Wundert sich niemand darüber, woran es liegt, dass offensichtliche Ganoven immer so gut wegkommen? Sie beherrschen das Spiel der Kräfte, und das ist ihr ganzes Geheimnis. Den großen Konzernen ist es egal, was mit dem Einzelnen passiert. Sie machen sich von vornherein keine Gedanken und sind emotional nicht beteiligt. Sie haben nur ihr Ziel vor Augen, und aus diesem Grund sind sie so mächtig geworden.

Wir aber, wir reagieren auf alles emotional, und das ist unser Verhängnis, denn Emotionen, gepaart mit unserem Verstand, sind schlechte Ratgeber. Tausende gehen auf die Straße und wollen so ihre Arbeitsplätze verteidigen. Davon lässt sich heute kaum noch ein Konzern erweichen, es sei denn, ein Firmenboss ist des Kräftespiels noch nicht kundig.

Wir müssen lernen, Situationen anzunehmen, wie sie sind. Wie viel wirkungsvoller wäre es, wenn sämtliche Arbeitnehmer zusammenhalten und sachlich blieben würden, und zwar ohne Emotionen, wenn sie sich untereinander stärken, Zuversicht zeigen und mit klarem Verstand nach Möglichkeiten und Wegen suchen würden? So aber hat jeder Angst, er könnte der Nächste sein und vor der Entwicklung auf dem Arbeitsmarkt klein beigegeben. Innerlich zittert jeder, er könnte als nächstes seinen Job verlieren, und damit wird eine Kettenreaktion in Gang gesetzt.

Alle Rebellen dieser Welt waren nur deswegen so erfolgreich, weil sie in ihrer Mitte geblieben sind und damit alle Kraft zur Verfügung hatten, etwas zu verändern. Unsere Emotionen, gepaart mit Ängsten, stehen uns oft im Weg und behindern unsere klare Sicht. Wir machen uns damit nur unnötig das Leben schwer.

Ich kenne in meiner Umgebung genug Betriebe, deren Inhaber sich auf Kosten ihrer Mitarbeiter ein Luxusleben gönnen. Denn was die Großen können, das schaffen die Kleinen doch auch, oder? Viele kleinere Betriebe haben das unsoziale Verhalten der Großen aufgegriffen. Allen voran die Gastronomie. Die Zahl der Mitarbeiter wird drastisch abgebaut (geht doch, da sich sowieso keiner zur Wehr setzt), und die Verbleibenden „dürfen" die Arbeit für drei machen. Da sie das natürlich auf Dauer nicht können, lassen Abmahnungen nicht lange auf sich warten, bis die nächste Kündigung erfolgt. Und so dreht sich das unmenschliche Karussell der modernen Sklaverei immer schneller. Die verbleibenden, immer geringer werdenden Arbeitnehmer unterliegen unendlich vielen Gefühlen und Ängsten. Wut und Ärger, totale Überforderung plus die tägliche Angst, vielleicht als Nächstes gehen zu müssen, bestimmen nun die Lebensqualität. Anstatt aber nun dem Verursacher Paroli zu bieten, zerstören wir uns auf Dauer selbst.

Da ja alles Energie ist und wir Sender und Empfänger sind, müssen wir uns darüber klar werden, was passiert, wenn wir die Dinge nicht so nehmen, wie sie sind. Es kommt darauf an, verstehen zu lernen, dass in erster Linie alles einfach nur IST. Je mehr Beachtung wir den IST-Zuständen schenken, umso machtvoller werden sie. Wir müssen aufhören, den Dingen Gewicht zu geben, indem wir sie in Positiv oder Negativ aufteilen. Alles, was uns widerfährt, ist solange im IST-Zustand, bis wir anfangen, die Dinge zu bewerten.

Im Falle des Briefs ist dieser erst einmal nur ein Brief, mehr nicht. Die Botschaft, die der Brief enthält, ist nichts weiter als eine Botschaft. Erst durch unsere Reaktion darauf geben wir Gewicht in diesen Brief und erwecken somit die in ihm liegenden Energien zum Leben. Wir sind es, die die Macht haben, Dinge zum Leben zu erwecken, und zwar zum Guten wie zum Bösen. Indem wir anfangen, die Dinge zu bewerten, die in ihrer reinen Form einfach nur **sind,** erwecken wir sie. Es ist ungeheuer wichtig, dass hier verstanden wird, wovon ich spreche.

Der Brief hat uns also erreicht, und somit ist eine Situation entstanden, die wir sowieso nicht ändern können. Der Brief ist da. Es ist nur ein Stück Papier, auf dem etwas zu lesen steht. Das ist der reine IST-Zustand. Kraft unserer Gedanken, also Kraft unseres menschlichen Verstandes, der alles bewerten und analysieren muss, kommen wir nach dem Lesen der Botschaft in die Situation des Einschätzens und Bewertens. Das ist ähnlich wie mit einer Flasche Wein. Eine halbvolle Flasche Wein kann auch als halbleer angesehen werden. Dabei ist sie in ihrer reinen Form eben halb, mehr nicht. Bei halbvoll wird positive Energie freigesetzt, bei halbleer die negative. Mit unseren Bewertungen treten wir Minen los, die in der Regel immer auf uns selbst zurückfallen.

Wie das funktioniert, kann man an der Börse und am Aktienmarkt sehen. Sämtliche Wertpapiere, Aktien, Pfandbriefe usw. sind in ihrer reinen Form nur „wertloses" Papier, mehr nicht, sie sind nur Papier! Trotzdem ist die halbe Welt begehrlich daran interessiert, Bundesschatzbriefe oder andere Aktien zu ergattern. An unseren Börsen tobt der Wahnsinn. Hier werden sogar Summen verschoben, die gar nicht vorhanden sind...

Ebenso wie ein Scheck in erster Linie ein Stück Papier ist, mehr nicht. Der Mensch versteht auf diesem Sektor ganz genau, wie er mit seinen Energien umgehen muss. Er erschafft sich auf diese Weise aus dem **NICHTS** Werte, die es gar nicht gibt.

Mal ehrlich, für den „Schrei" von Munch 50 Millionen auszugeben, wenn man ihn denn haben wollte, ist doch weder die Farbe noch das Bild selbst wert, oder?

Ich bitte euch, fangt an, eure Einstellung zu ändern. Sollte also wirklich jemand den „Schrei" kaufen, so zuckt die Achseln und lasst es einfach an euch vorbeiziehen. Gebt keine Energie hinein, denn der Käufer wird voraussichtlich genug mit den Energien des Bildes zu kämpfen haben. Versucht, euch anzugewöhnen, die Dinge so anzunehmen, wie sie sind. Ihr seid nicht nur Empfänger von Energien, sondern auch Absender. Und nur ihr allein habt die Macht, Energien zu neutralisieren oder zu erwecken.

Der Arbeitnehmer, der mit ansehen musste, dass ein Kollege nach dem anderem den Betrieb verlassen musste, der sendet nur noch Angst aus. Über ihm schwebt förmlich die Frage: „Muss ich auch dran glauben?“, und genau das wird von der Gegenseite aufgefangen. Und es kann gar nicht anders sein, als dass er der Nächste ist, der gehen muss. So hat sich aus einer anfänglichen Notsituation der Konzerne und anderer Betriebe das Ganze umgekehrt. Den Konzernen und mittlerweile den mittleren und kleineren Betrieben geht es besser denn je, und die Not haben jetzt andere, nämlich wir.

Natürlich steht vielen von uns das Obrigkeitsdenken im Weg. Wir vergessen immer oder – schlimmer noch – sind uns wahrscheinlich gar nicht dessen bewusst, dass kein Mensch besser oder höher gestellt ist als wir selbst, und wenn er scheinbar noch soviel Macht haben sollte!

Mir ist aufgefallen, dass oft gerade die Menschen, die Macht und Geld haben, tatsächlich die schlechteren Menschen sind, wenn wir hier ausnahmsweise bewerten wollen. Da sie in ihrem Innern oft nicht viel zu bieten haben, wollen sie wenigstens das Außen über diesen Mangel hinwegtäuschen. Und das Außen, also jeder Einzelne von uns, gibt ihnen die Macht, mit uns zu machen, was sie wollen. Klingt hart, aber nur so versteht man, was hier eigentlich gespielt wird.

Solange wir vor den vermeintlich Großen buckeln, werden sie nur immer größer, denn alles ist Energie. Wir müssen anfangen, uns unsere Macht zurückzuholen, ebenso unsere Würde und unseren Stellenwert. Jeder von uns ist so unendlich viel wert. Jeder auf seine Weise. Wer sich selbst zu wertschätzen weiß, lässt vieles einfach nicht mit sich machen, sondern behält auch einen klaren Kopf und weiß andere zu unterstützen.

Wenn sich in meiner Praxis Klienten über eine grässliche Arbeitssituation beklagen, dann frage ich immer: „Und was wollen Sie jetzt unternehmen?“ Jedes Mal erfolgt ein hilfloses Achselzucken: „Gar nichts, ich kann es ja eh' nicht ändern.“ Oh doch, man kann. Der erste Schritt ist, die eigene Einstellung zu ändern. Brauche ich den Job, weil er mir das Geld bringt? Ja? Dann sollte man sich fragen, ob man nicht besser umdenkt. Nämlich sich nicht mehr persönlich mit Haut und Haaren für den Job einzusetzen, sondern ihn als das zu nehmen, was er ist: Eine Beschäftigung, für die es Geld gibt.

Die Zeiten, in denen persönlicher Einsatz noch honoriert wurde, sind in vielen Firmen schon lange vorbei. Ja, er ist dort auch einfach nicht mehr angemessen. Warum Energie in etwas hineingeben, die doch niemand haben will, vor allen Dingen aber gar nicht zu würdigen weiß?

Das menschliche Miteinander hat immer mit Geben und Nehmen zu tun. Wenn der Arbeitgeber in uns das Gefühl erweckt, in seinen Augen würden wir sowieso nie genug leisten, na bitte, dann schrauben wir unsere Arbeitskraft etwas zurück. Warum katzbuckeln wir stattdessen und schlagen uns jedes Mal die Stirn an der Tischkante blutig vor lauter Bücklingen, die wir vor unserem Chef machen? Weil wir Angst haben? Ja bitte, wovor denn? Vor

Menschen, die meinen, Macht über uns zu haben? Mit diesem Verhalten geben wir ihnen nur mehr Macht in die Hand, das muss uns einfach klar werden.

Niemand hat Macht über uns. Wir selbst verhelfen anderen zur Macht. Und das hat zu dem heutigen Dilemma geführt. Dummerweise ist es heutzutage so weit, dass ein Einzelner kaum noch etwas ausrichten kann. Aber wie wäre es denn, wenn alle Angestellten eines Betriebs zusammenhalten würden? Wenn jeder Einzelne aus seinem Bücklingsverhalten hervortreten würde und für sich selbst, und damit für alle, erhobenen Hauptes einstünde? Gerade in kleineren Betrieben dürfte dies ein Leichtes sein.

Stellt euch vor, in einem gastronomischen Betrieb ist eine Gesellschaft angenommen worden. Und just an dem Tag geht keiner zur Arbeit. Der Koch und seine Gesellen stehen nicht in der Küche, um die Vorbereitungen zu treffen, die Zimmermädchen erscheinen nicht, um alles für die Gäste herzurichten, und vom Servicepersonal ist auch weit und breit niemand zu sehen. Keine festlich geschmückte Tafel, keine sauberen Zimmer, keine Wohlgerüche aus der Küche. Was meint ihr wohl, was passiert? Werden tatsächlich alle entlassen? Oder ist es nicht eher so, dass man verzweifelt versucht, alle an ihren Platz zu bekommen?

Es kann sein, dass, nachdem die Gesellschaft dann doch noch gut versorgt wurde, dem einen oder anderen die Kündigung angedroht wird, dann seid mutig genug zu sagen: „Ok, wenn das so ist, dann gehen wir alle!“ Einer ist immer schnell zu ersetzen, aber alle?

Lasst euch nicht mehr von Ängsten leiten. Angst ist der schlechteste Ratgeber, den ich kenne. Und lasst eure Emotionen beiseite, sondern befasst euch immer mit dem IST-Zustand. Ihr werdet sehen, wie gelassen ihr werdet.

Dieses Beispiel kann man auf alle Situationen übertragen. Was nützt es uns, wenn wir unsere Tage damit verbringen, uns über andere und Ereignisse aufzuregen? Wenn wir Menschen, ohne sie zu kennen, be- und verurteilen? Wir sehen immer nur einen kleinen Bildausschnitt vom Leben des anderen und denken tatsächlich, wir könnten uns eine Meinung bilden. Unsere Regenbogenpresse lebt genau davon.

Mir tun sämtliche Prominente leid. Nicht nur, dass sie kein Privatleben haben, nein, sie müssen auch noch mit den unterschiedlichsten Schwingungen fertig werden, mit denen sie Tag für Tag von Menschen, die sie nicht einmal persönlich kennen, überschüttet werden. Ist es da ein Wunder, dass so viele von ihnen zu Drogen aller Art greifen? Letztendlich sind wir die Auslöser, ohne uns dessen bewusst zu sein. Die Regenbogenpresse verdient sich auf Grund unserer Angewohnheit, lieber auf andere zu schauen, als bei uns selbst zu bleiben, auch noch dumm und dusselig. Und wir? Wir haben so eine Angst davor, bei uns zu bleiben und uns auf die Spur zu kommen, dass wir nur zu gerne unser Augenmerk ins Außen verlegen. Anstatt auf unsere innere Stimme zu hören, die uns in allem angemessen berät, orientieren wir uns lieber an anderen.

Müssen unsere Jugendlichen tatsächlich teure Markenartikel tragen? Warum ist dies gerade in der heutigen

Zeit so wichtig für sie? Weil sie sich damit wenigstens optisch aufwerten. Sie haben keine inneren Werte kennengelernt, was zu einer Umkehrung in die Äußerlichkeit führen muss. Und wenn die Jugend sich auf diese Weise aufwerten muss, warum machen wir uns dafür krumm? Wollen wir die Sachen tragen oder unsere Kinder?

Auch wenn man es nicht glauben mag, aber es gibt für Jugendliche noch genug Jobs, in denen sie sich Geld für ihre Ansprüche verdienen könnten. Wenn wir uns dafür ins Zeug legen, dass wir ständig und immerzu ihre immer anspruchsvoller werdenden Wünsche erfüllen, ja bitte, wem nützt das etwas? Uns nicht, und unseren Kindern auch nicht. Wie sollen sie jemals lernen, Eigenverantwortung zu übernehmen? Wie sollen sie jemals lernen, den Dingen ihren richtigen Wert beizumessen? Nicht nur den materiellen Dingen, sondern auch den zwischenmenschlichen und sozialen? Erziehen wir sie nicht regelrecht dahingehend, dass sie in uns nur Melkmaschinen sehen?

Das dem so ist, beweisen die Kriminalfälle, in denen Vater und Mutter, Oma oder Opa neuerdings getötet werden, wenn sie kein Geld mehr geben wollen oder können. So hart es klingt, aber letztendlich haben wir uns alles selbst zuzuschreiben. Es war unser Versäumnis, unseren Kindern die richtigen Werte beizubringen. Da dürfen wir uns dann nicht wundern, denn wir haben sie zu dem gemacht, was sie sind, und deswegen bezahlen manche Eltern, so bitter das sein mag, mit ihrem Leben. Wer in sich ruht, der kann seinen Kindern ganz gelassen gegenübertreten und lässt sich nicht von ihnen und ihren Wünschen überfahren.

Wir sollten langsam aufhören, uns fremdbestimmen zu lassen. Das gilt für unsere Politiker wie auch für die Mitmenschen in unserem nächsten Umfeld. Im Hier und Jetzt mit klarem Bewusstsein bei sich selbst zu bleiben, das ist die hohe Kunst des Lebens. Nur wenn jeder Einzelne von uns dafür sorgt, dass es ihm seinen Umständen entsprechend gut geht (und mögen sie noch so schlecht erscheinen), und nur wenn jeder sich seinem Umfeld (und zwar nur seinem persönlichem Umfeld!) genauso verantwortungsvoll zuwendet wie sich selbst, dann ist eine Änderung zum Positiven möglich.

Auch wenn du keine Arbeit mehr hast, bist du deswegen nichts mehr wert? Finde deine eigenen Werte und suche sie nicht im Außen. Warum sollte man nicht versuchen, das Beste aus dieser Situation zu machen? Warum sich wertlosl fühlen, wenn man zu Hause bleiben muss? Freue dich lieber über die Zeit, die dir plötzlich zur Verfügung steht! Warum sollte man sich nicht mit anderen zusammentun und das Beste daraus machen? Wende dich anderen zu, die das gleiche Schicksal haben und unterstützt euch gegenseitig. Einer backt Brot, der andere näht, wieder ein anderer kocht und so weiter.

Es gibt immer einen Weg, und es gibt genügend Hilfen. Armut kennenzulernen bedeutet nicht, arm zu sein. Man fühlt sich nur so. Wäre die ganze Gesellschaft arm, würden wir kein Wort darüber verlieren, weil wir es nicht anders kennen. Aber Lösungen sind nicht zu finden, wenn man den Kopf in den Sand steckt.

Legt die alten Gesellschaftsmuster ab und schämt euch nicht mehr, wenn ihr eure Arbeit verloren oder andere Tiefs erlebt habt. Wir sind alle hier, um Erfahrungen zu machen und bestmögliche Lösungen dafür zu finden. Jetzt haben wir die Zeit, uns darauf zu besinnen, was wirklich in uns steckt. Es ist die Zeit der Besinnung, die Zeit der Zuwendung, für sich und andere. Die Zeit der Ruhe. In der Ruhe liegt die Kraft, und oft entstehen gerade in Ruhephasen die schönsten Ideen, wie man etwas bewerkstelligen kann. Sich emotional einer Situation hinzugeben, verschleiert nur den klaren Blick.

Nimm dir jetzt die Zeit, deine wahren Werte kennenzulernen. Höre auf zu weinen und zu jammern. Nimm dir Zeit, dich zu freuen. Du hast ein Geschenk von Gott erhalten, dein Leben, und du hast auch das Potenzial, es dir angemessen zu gestalten, du musst es nur herausfinden. Und dazu musst du dich selbst kennenlernen. Und das geht nur, wenn du dich von den Äußerlichkeiten verabschiedest und erst einmal bei **DIR** bleibst. **DU** bist das Wichtigste in deinem Leben, und zwar nur **DU.**

☆☆☆☆☆

Sich selbst den richtigen Wert beimessen

Wir wissen ja nun, dass wir mehr sind als „nur" ein Mensch. Wir sind Wesen, die aus Materie und feinstofflicher Energie bestehen. Unser Körper ist, für sich genommen, schon ein Wunderwerk, bedenkt man aber die Symbiose zwischen Körper, Geist, und Seele, müssten wir vor uns selbst vor Ehrfurcht erstarren. Das tun wir aber nicht, weil wir schlicht und einfach unser wahres Selbst vergessen haben. Wir wissen nicht mehr, dass wir mehr können, als nur essen, trinken, schlafen und arbeiten. Ebenso vergessen wir auch immer wieder, dass wir nur einen Teil unseres Gehirns wirklich nutzen. Allein das ist ein deutlicher Hinweis darauf, das bedeutend mehr in uns stecken muss, als wir es je für möglich halten würden.

Es macht wenig Sinn, sich nun zu fragen, was wohl alles auf unserer Festplatte (unserem Gehirn) eingespeichert ist. Da wir es zum jetzigen Zeitpunkt überhaupt nicht entschlüsseln könnten, wären wir, selbst wenn wir es könnten, schlicht und einfach damit überfordert. Zudem denke ich, dass ein natürlicher Schutz angelegt wurde, der verhindert, dass wir auf Dateien (Informationen) zugreifen können, bevor nicht das richtige Verständnis oder Bewusstsein erreicht ist. Aber es ist ein ungemeiner Trost zu wissen, dass mehr in uns steckt.

Hier noch einmal zur Erinnerung, und ich kann es nicht oft genug sagen: Wir sind maskierte Lichtwesen. Wenn man so will, kann man sagen, dass wir Jahrtausende lang mit uns selbst Verstecken gespielt haben. Nun, wir haben dieses Spiel lange genug gespielt, und es wird Zeit, uns selbst wieder zu finden. Um das zu erleichtern möchte ich an dieser Stelle eine Meditation anbieten:

Meditation zum inneren Selbst

Lege oder setze dich entspannt hin, schließe deine Augen und atme langsam ein und aus.

Mit jedem Einatmen öffnest du dich bewusst der reinen kosmischen Energie und lässt sie durch deinen gesamten Körper fließen. Während du ausatmest, entlässt du bewusst alles aus deinem Körper, was dich bedrückt oder belastet, oder was sich von dir verabschieden will.

Du atmest ein, du atmest aus.
Du atmest ein, du atmest aus.
Du atmest ein, du atmest aus.
Du atmest ein, du atmest aus.

Finde nun in deiner Zeit und in deinem ureigenen Rhythmus zu deinem Atem und gib dich ihm ganz hin.

Gedanken kommen und gehen. Versuche nicht, sie in ihrer Aktivität zu bremsen. Nimm sie wahr, aber lass sie ziehen.

Während du von deinem Atem getragen und bewusst durchflutet wirst, lenkst du deine Aufmerksamkeit in deinen Körper hinein.

Wie fühlt er sich an?
Spürst du ein Kribbeln?
(Zeichen für einströmende Energie)

Wird dir warm? (Der Energiekörper wird aktiviert)
Oder kalt? (Hier ebenfalls)

Ist dein Atem ein durchgängiger Fluss oder stößt er auf Blockaden?

Wenn ja, nimm sie einfach nur wahr, bleibe mit deinen Gedanken nicht darin hängen, sondern lenke deinen Atem bewusst ***durch*** *die Blockade.*

Mache dir keine Sorgen, mache dir keine Gedanken. Spüre nur, wie dein Atem, angereichert mit kosmischer Energie, sanft und leicht durch deine Blockaden durchströmt. Vertraue auf die kosmische Energie und lass sie einfach zu. Frage dich nichts und bleibe in deinem Atemrhythmus.

Lass ihn einfach nur seine Arbeit tun.

Dein Atem durchströmt dich in sanften Wellen von Kopf bis Fuß.

Er bringt Leben. Er bringt dir Licht, und alle deine Zellen werden angereichert mit kosmischer Energie.

Wenn du dieser Energie eine Farbe geben möchtest, so tue es (in der Regel zeigt sich die Farbe des Lichts, die zu einem gehört).

Siehe, wie die von dir gewählte Farbe deinen Körper von Kopf bis Fuß durchströmt. Sie ist in dir, strahlt aber auch weit über dich hinaus.

Bade in diesem Licht, es ist deins.

Und während du so hingebungsvoll in deinem Licht badest, möchte vielleicht ein Klang, eine Melodie oder ein Ton aus dir aufsteigen. (Der eigene Seelenklang)

Lass diesen Ton oder diese Melodie zu.

Lass ihn stärker werden, lass zu, dass er so laut werden kann, bist du ihn gut hören kannst.

Spüre, wie er von Kopf bis Fuß alles in dir zum Klingen und Schwingen bringt.

Wenn es dir möglich ist, bade auch in diesem Klang.

Zusammen mit dem Licht streichelt er dich und deinen Körper. Du bist Licht, und du bist Klang. Und du gibst dich allem hin.

Vielleicht möchte jetzt ein himmlisches Wesen zu dir kommen? Wenn ja, lass auch dies zu. Begrüße es und nimm seine Schönheit wahr.

Was tut dieses Wesen? Hat es eine Botschaft für dich, oder nimmt es dich einfach nur in die Arme?

Du darfst diese Begegnung in vollen Zügen genießen.

Tue nichts anderes als dich auf diese Begegnung einzulassen.

Hast du alles aufgenommen, was es dir zu sagen oder zu zeigen hatte, wird sich das Wesen von dir verabschieden.

Zur Erinnerung schenkt es dir etwas. Nimm es und lege es an einen Ort in deinem Körper, von dem du denkst, dass es dort gut aufgehoben ist.

Du fühlst dich wunderbar geborgen.

Behalte dir dieses Gefühl wenn du nun deine Aufmerksamkeit wieder auf deinen Atem lenkst.

Nimm wahr, wie er sanft und leicht durch deinen Körper weht.

Fühle nun auch wieder deinen Körper. So lange, bis das normale Körpergefühl wieder da ist.

Auch deine Gedanken werden dir wieder bewusst und du weißt, du kommst wieder in die Gegenwart zurück. Noch einige Atemzüge, und du bist wieder ganz im Hier und Jetzt angekommen.

Nimm noch einige ruhige Atemzüge und öffne, wenn du mit deinem ganzen Bewusstsein wieder hier bist, deine Augen.

☆☆☆

Wer sich auf diese Meditation einlässt, nimmt auf einfache Weise Kontakt zu seinem wahren Wesen auf. Die himmlische Gestalt, die in dieser Meditation auf uns zukommt oder vielleicht schon viel eher auftaucht, sind wir selbst. Es ist unser göttliches Wesen und unser wahres Erscheinungsbild. Wir selbst sind himmlisch!

Dieses wahre Selbst wartet darauf, sein Versteckspiel endlich zu beenden. Mit der Meditation ist der erste Schritt getan, sich selbst zu entdecken. Könnte man nicht fast erschlagen sein von der Schönheit unseres Selbst? Und liegt es da nicht nahe, uns selbst den höchsten Stellenwert in unserem Leben zuzuschreiben?

Wir wissen nun, was wir in Wahrheit sind: Engel des Lichts.

Jeder von uns ist ein Engel, und je mehr wir uns dessen bewusst werden, umso weniger können uns irdische Ereignisse beeinflussen. Je mehr wir uns auf unser wahres Selbst einlassen, um so freudiger wird unser Leben. Wir öffnen buchstäblich die Türen für eine neue Welt. Nach und nach werden wir entdecken, welche Fähigkeiten in uns geschlummert haben. Wenn wir sie erwecken, sagen wir Ja zu uns, zu unserem Leben und zu der Liebe. Wir sagen Ja zu Allem-was-ist und erkennen Alles-was-ist an.Denn wir wissen, dass alles nur dazu dient, zu lernen und an seinen Aufgaben zu wachsen. Äußerlichkeiten werden uns nicht mehr ablenken, denn wir haben genug damit zu tun, uns selbst zu entdecken.

Lassen wir unser wahres Wesen ganz zu uns herein, haben wir selbst ein Wunder vollbracht, denn durch das bewusste Hereinlassen unseres wahren Wesens werden wir bis in die letzten Zellen erhellt. Und somit haben wir in uns selbst die Polarität aufgehoben.

Hell (unser Lichtwesen) und Dunkel (unser Körper) haben sich vereint zu einem vollkommen neuen Geschöpf. Einem Geschöpf, das ganz bewusst sowohl auf der Erde wie auch in himmlischen Gefilden zu Hause ist.

Also, wenn es sich unter diesen wundervollen Aussichten nicht lohnt, jetzt schon damit zu beginnen, seinen Wert zu erhöhen, dann weiß ich es nicht. Der einfachste Weg, sich selbst Wert zu geben, ist damit anzufangen, auf seine innere Stimme zu hören. Das mag anfangs schwierig sein, da man sich nicht sicher ist, ob einem der Verstand oder die innere Stimme etwas einflüstert, doch wie auch hier gilt die Regel: „Übung macht den Meister".

Ärgert euch nicht über Fehlentscheidungen, sondern lernt aus ihnen. Lernt, euch selbst zuzuhören. Mit der Zeit werdet ihr sehr gut zwischen eurem Verstand und eurer Seele zu unterscheiden wissen. Übt dies in kleinen Schritten.

Wenn ihr zum Beispiel sogenannte Anstandsbesuche machen sollt, weil das von euch so erwartet wird, ihr aber absolut keine Lust dazu habt, dann lasst es!

Wenn ihr schon länger das Gefühl habt, mit dem „falschen" Partner zusammen zu sein, dann trennt euch, usw. Macht Schluss mit eurer Fremdbestimmung.

Immer, wenn das Gefühl da ist, etwas lieber nicht zu wollen, dann lasst es. Wichtig ist nur, dass die Entscheidung nicht vom Verstand geleitet wird, sondern von eurer inneren Stimme. Ihr habt es auch nicht nötig, nach Ausreden zu suchen, warum ihr jetzt dies oder jenes nicht tun wollt. Ihr wollt einfach nicht. Punkt. Fangt ihr an, in Erklärungsnöte zu kommen, seid ihr wieder beim Energiespiel angekommen, denn alle um euch herum werden wissen, dass eure Ausreden und Erklärungen geflunkert sind. Eure Energie verrät es ihnen.

Pflegt euren Körper liebevoll. Gebt ihm ausgewogene Nahrung, erlaubt ihm aber auch mal, über die Stränge zu schlagen. All das ist in Ordnung, wenn ihr euch gut dabei fühlt. Wie es übrigens ganz egal ist, was man zu sich nimmt, und wenn es jahrein und jahraus nur Fastfood sein sollte. Wer dies mit Freude tut, weil es ihm nun mal schmeckt, der wird sicherlich keinen Schaden nehmen. Alles ist eine Einstellungssache, und solange man bei einem Hamburger bleibt und nicht dazu übergeht, zehn davon zu verdrücken, gibt es keine Notwendigkeit, sich unnötig Sorgen um seine Gesundheit zu machen. Zudem, warum sollte es nicht auch genussfreudige Lichtwesen geben, die mit Freude viel essen, weil sie es genießen?

Es ist mir nicht bekannt, dass es in der Geistigen Welt Küchen und Essen gibt, manche der Lichtwesen wissen aber gerade unsere Nahrungsmittel sehr zu schätzen und genießen sie entsprechend. Tja, da sie höchstwahrscheinlich auch vergessen haben, dass sie ja nicht zum letzten Mal in den Genuss irdischer Nahrungsmittel kommen, müssen sie halt die Situation ausnützen. Lasst sie, redet ihnen kein schlechtes Gewissen ein. Wenn schon viel essen, dann bitte mit Genuss.

Bei Menschen, die dies tun, stellt man fest, dass sie organisch vollkommen gesund sind, entgegen aller Studien, Erkenntnisse und Erfahrungen der Ärzteschaft. Aber wir wollen uns ja die nächste Zeit nicht mehr um andere Geschicke kümmern, sondern nur um uns selbst.

Gönnt eurem Körper die Ruhephasen, die er braucht. Ausreichender Schlaf ist wichtig für Körper, Geist und Seele, ebenso ausreichende Bewegung. Aber bitte nicht in sogenannten Muckibuden. Die frische Luft ist es, die der Mensch braucht. Mal ehrlich, es kann doch nicht wirklich gesund sein, den Mief von anderen einzuatmen. Mag sein, dass man zwar so zu einem Traumgewicht oder zu

Muskeln kommt, aber was nützt einem der gestählteste Körper, wenn man im Gegenzug dazu unter akutem Sauerstoffmangel leidet? Nein, lasst den Wind um eure Nasen wehen. Er wird euch sanft von vielem befreien, was euch belastet, ähnlich wie das Wasser, das ihr ja ab jetzt trinken werdet.

Sorgt dafür, dass ihr immer nur Menschen um euch habt, die ähnlich wie ihr schwingen und euch somit gut tun.

Haltet euch, wenn es geht, von Massenveranstaltungen fern, es sei denn, ihr habt eine Technik gefunden, euch vor all den unterschiedlichen Schwingungen zu schützen. Hört Musik, aber bitte harmonische. Heavy Metal ist nicht dazu angetan, eure Seelen zum Schwingen zu bringen. Im Gegenteil, Studien haben ergeben, dass sogar Pflanzen bei dieser Musik eingehen und sich sämtliche Moleküle im Körper als Klumpen zusammenziehen.

Fangt an, eure Wohnungen zu entrümpeln. Damit ihr euch nicht lange damit rumplagen müsst, was denn nun weg darf und was nicht, schaut, was ihr benötigt (einen Herd aus der Küche zu schmeißen würde wohl wenig Sinn machen) und sortiert dann alles nach dem Herzprinzip aus. Alles, woran euer Herz wirklich hängt, darf bleiben, alles andere fliegt raus. Macht andere damit glücklich, aber verbannt diesen oft unnötigen Plunder aus euren Häusern und Wohnungen. Damit habt ihr im Außen für eine Auflockerung gesorgt, und es wird euch buchstäblich leichter ums Herz. Weniger ist mehr. Wie wahr, wie wahr.

Ihr werdet feststellen, dass ihr euch bedeutend besser fühlen werdet, nämlich um vieles leichter. Somit habt ihr im Außen schon mal ein Zeichen gesetzt, wohin es mit euch gehen soll: in die Leichtigkeit des Seins.

☆☆☆☆☆

Die Leichtigkeit des Seins

Nachdem ihr im Außen große Veränderungen eingeläutet habt, werdet ihr in eurem Inneren ebenfalls für Veränderungen sorgen. Ein frischer Wind wird durch euch und euer Leben wehen, und fast wie von selbst erscheint vieles leichter. Aber die größte Leichtigkeit verschafft die Erkenntnis, dass man bisher das Leben anderer gelebt hat. Wer kennt sie nicht, die Dienste am anderem, die man nur zähneknirschend macht, um des lieben Frieden willen?

„Heute kommt Tante Helga." Innerlich wehrt sich alles gegen den Besuch von Tante Helga, und das aus unterschiedlichen Gründen. Sei es, weil man sie nicht mag, sei es, weil man sich viel lieber mit einem guten Buch zurückziehen würde, sei es, dass man schlicht und einfach keine Lust auf Besuch hat. Trotzdem fallen dem Verstand tausend Dinge ein, warum man diesen unerwünschten Besuch dennoch über sich ergehen lassen sollte. „Schau mal", wird er sagen „du kannst doch Tante Helga nicht so vor den Kopf stoßen und sie ausladen, nur weil du ein Buch lesen willst oder keine Lust auf sie hast. Tstststs, denk doch daran, dass sie dir bestimmt wieder etwas mitbringt, oder dich, wie beim letzten Mal, zum Shoppen einlädt. Und schließlich musst du auch daran denken, dass sie dich in guter Erinnerung behält, vielleicht erwähnt sie dich ja in ihrem Testament? Also bitte, dafür kannst du doch mal deinen Egoismus zurückstecken, oder?"

Ja, ja, und genau diese Argumentation veranlasst uns dann, uns gegen unseren Willen auf Tante Helga einzulassen. Das Problem ist nur, dass wir während der ganzen Zeit ihres Besuchs Stress haben. Innerlich bedauern wir, unser Buch nicht lesen zu können, oder wir fragen uns, warum wir uns mit dieser grässlichen Person abgeben (ach ja, der Erbschaft wegen) und wünschen uns, die Zeit möge schnell vorübergehen, was sie erfahrungsgemäß natürlich nicht tut.

Wir sind also aus unserem Gleichgewicht gerissen. Und das dank unseres Verstandes, der uns einflüstert, vernünftig zu reagieren. Dabei lockt uns dieser mit Dingen, die wir gar nicht abschätzen können.

Wissen wir, ob Tante Helga uns nicht genausowenig leiden kann wie wir sie? Ob sie es uns im Stillen nicht übelnimmt, dass sie in regelmäßigen Abständen bei uns erscheinen muss, weil es sich irgendwann einmal einfach so eingebürgert hat? Ob sie ihre Zeit nicht auch viel lieber anderweitig verbringen würde? Wir wissen es nicht, und gerade deswegen ist es im eigentlichen Sinne ein Witz, in solchen Situationen auf unseren Verstand zu hören.

Kinder sind da ehrlicher, weil sie die Spielregeln der Gesellschaft noch nicht beherrschen. „Nö, mit dir spiele ich nicht, Du bist doof." Ok, so gerade heraus müssen wir ja nun nicht werden, zumal der andere bestimmt nicht doof ist, sondern, wenn wir bei der Kindersprache bleiben wollen, wir ihn als doof empfinden.

Das eigentliche Problem ist, dass wir mit solchen Tante-Helga-Situationen immer eine Absicht verfolgen. Entweder wir spekulieren auf eine Erbschaft, oder wir hoffen, dass uns die Tante auch mal einen Gefallen tut. Vielleicht verstehen wir uns mit unserem Partner besser, wenn wir ihm zuliebe in die uns verhassten Berge mitfahren, oder wir versprechen uns von einer todlangweiligen Partygesellschaft, wichtige Kontakte zu knüpfen usw.

Das Einfachste, aus diesem Dilemma herauszukommen, ist, auf sich selbst zu hören. Alles, was wir von Herzen gerne machen, können wir mit gutem Gewissen tun. Nur, wer Tante Helga von Herzen gerne dorthin schicken möchte, wo der Pfeffer wächst, der sollte dann doch lieber seinen Verstand einschalten.

Es geht also auch hier um eine gleichwertige Kräfteverteilung zwischen Verstand und seinem Selbst. Weniger auf seinen Verstand zu hören oder ihn vollkommen abzuschalten wäre fatal. Denn er ist in anderen Situationen von großem Nutzen. Nur wenn es um uns selbst geht, versagt er oft kläglich. Es gibt nämlich keinen Grund, warum man seine Interessen oder seine Vorhaben für andere aufgeben sollte.

Wir ärgern uns immer über die Menschen, die sich nicht darum scheren, was andere wohl über sie denken könnten und unbeirrt ihr Leben leben. Oft bezeichnen wir sie als Spinner oder Eigenbrötler. Wieder ist es nur unser Verstand, der so abwertend urteilt, und uns die Einsicht verbaut, dass gerade diese Menschen es richtig machen. Reicht es nicht schon, dass wir arbeiten gehen müssen, und das zu Zeiten, die wir uns nicht aussuchen können? Müssen wir uns den Rest der Zeit auch noch von anderen bestimmen lassen?

Ich kenne einige Menschen, die regelrecht im Einladungsstress sind. Sie jagen von einer Einladung zur nächsten und sind einfach nicht in der Lage, NEIN zu sagen. Einzig und allein deswegen, weil sie befürchten, wenn sie absagen würden, schlecht dazustehen: „Was mögen die wohl von uns denken, wenn wir nicht hingehen? Bei Nachbar Grill-mich-tot waren wir ja letzte Woche auch, nachher denken sie noch, wir mögen sie nicht."

Tja, und hier sind wir bei der Ursache allen Übels angekommen. Anstatt bei uns zu bleiben, denken wir immer für andere. Wir maßen uns an, im Vorfeld schon zu wissen, was andere wohl denken könnten, und damit wir überall gut angesehen sind, rennen wir von einem Ereignis zum anderem und lassen uns Dinge aufdrücken, die wir gar nicht wollen. Dabei würde vielleicht so mancher Nachbar froh darüber sein, wenn wir nicht kämen. Im Stillen hat er sogar darauf gehofft, aber wie immer hat er uns genau mit diesen seinen Überlegungen seine Energie geschickt, und natürlich kommen wir. Schließlich hat er uns damit gerufen, oder nicht?

Auch wenn ich hier die Situationen eher heiter geschildert habe, so steckt doch ein ernster Kern dahinter. Mir ist es unendlich wichtig, dass verstanden wird, wovon ich spreche.

Unser Leben ist eine Verstrickung aus vielen anderen Leben, und somit unnötiger Ballast für uns. Im übertragenen Sinn brauchen wir uns in keine Schlägerei einzumischen, um für Frieden zu sorgen. Tun wir dies, sind wir nämlich die Dummen und finden uns oft zahnlos und mit Knochenbrüchen auf der Intensivstation wieder. Wer sich die Köpfe einschlagen will, bitte schön. Sollen sie nur machen, aber bitte ohne uns. Es sei denn, jemand ruft um Hilfe. Da sollten wir aber auf jeden Fall unseren Verstand einsetzen. Denn wenn wir es mit Gorillas zu tun haben, wir aber nur schmächtige 70 Kilo auf die Waage bringen und sowieso nicht in Form sind, dann ist es besser, sich nicht eigenfäustig einzumischen, sondern die Polizei zu benachrichtigen. Es kommt also immer auf die Situation an. Und es kommt darauf an, sich der Leben anderer zu entledigen.

Viele unserer sogenannten Aussteiger mussten diesem inneren Ruf nachgeben. Egal, ob sie in einer Blockhütte in Kanada leben oder unter einer Brücke. Sie haben diesen gesellschaftlichen Ballast abgeworfen und sind glücklich damit.

Man mag es nicht glauben, aber gerade in unserer Randgesellschaft leben unglaublich spirituelle Menschen. Und ebenfalls nicht glauben mag man, dass kaum ein Aussteiger wieder zurück in die Gesellschaft möchte. Wer einmal diese Freiheit gekostet hat, nämlich die Freiheit von Zwängen, der möchte niemals wieder zurück.

Alle Aussteiger sind nur deswegen ausgestiegen, weil sie keine andere Möglichkeit gesehen haben, dem enorm hohen gesellschaftlichen Druck zu widerstehen. Diejenigen die durch äußere Umstände dazu gekommen sind, also nicht freiwillig, lernen erst später ihre Freiheit lieben.

Nun würde es ja wenig Sinn machen, wenn wir alle auf die Idee kämen, ebenfalls unser Bündel zu packen, um auszusteigen. Das geht auch einfacher, nämlich indem wir uns Schritt für Schritt von allen unsinnigen gesellschaftlichen Verpflichtungen und von Menschen lösen, die wir nicht wollen und die uns nicht gut tun. Zudem müssen wir unseren Verstand in seine Schranken weisen und unser Herz öffnen. Öffnen wir unser Herz, so wird uns ebenfalls leichter, und wir werden immer mit hundertprozentiger Sicherheit wissen, was wir tun wollen und was nicht.

Es versteht sich von selbst, dass es wenig Sinn macht, sich darüber aufzuregen, was anderen widerfährt. Und sei es noch so tragisch! Auch das ist ein wichtiger Punkt der unbedingt richtig verstanden werden muss. Es geht hier nicht darum, zu Egoisten im negativen Sinn zu werden, sondern es geht darum zu lernen, nichts mehr zu bewerten. Zu lernen, die Dinge, die nicht zu einem gehören, auch nicht mehr in sich hineinzulassen. Ein jeder hat genug mit sich selbst zu tun. Hier liegt genug Arbeit vor uns. Wir müssen uns nicht noch unnötigen Ballast aufladen.

Ich weiß, es mag hart erscheinen, aber im Grunde genommen ist es mir unbegreiflich, wie man als Zuschauer nur auf Grund von Bildern, die gezeigt werden, und Informationen, die über den Fernseher zu uns kommen, emotional so mitgerissen werden kann. Zum einen sind es „nur" Bilder, zum anderen wissen wir nicht einmal, in wieweit sie der Realität entsprechen. Ebenso ist es mit der Flut an Informationen, die uns erreicht. Ohne zu wissen, ob und wieviel Wahrheitsgehalt dahintersteckt, fangen wir alles auf und wissen nicht einmal, was wir uns damit antun.

Ich sagte schon einmal: Wichtig in unserem Leben sind an erster Stelle wir selbst. Und danach kommt unser persönliches soziales Umfeld. Punkt. Mehr hat uns einfach nicht zu interessieren. So einfach ist das, und doch so unendlich schwer. Dabei muss man nur bedenken, wenn jeder so handeln würde, dann würde jeder dafür sorgen, dass es ihm selbst und seinem Umfeld gut geht. Jeder sorgt so für das eigene Wohl und das des anderen. Und das zieht sich gleich Wellen durchs ganze Land. Das ist die einfachste Methode, mit allem Elend aufzuhören. Einer für alle, und alle für einen, und jeder für sich selbst.

Es wird Zeit, die Ehrlichkeit und die Wahrheit in unser Leben hereinzulassen. Denn in Wahrheit nützt es Menschen in Not überhaupt nichts, wenn Millionen von Fernsehzuschauern sich der Magen umdreht oder das Herz angesichts des Elends vor Kummer verkrampft.

Wenn wir nicht die Macht haben, etwas zu ändern, so haben wir dennoch die Macht, uns persönlich vor solchen Schwingungen zu schützen. Entweder wir erkennen an, dass wir nichts tun können oder aber wir kommen in Bewegung. Das heißt, der Wunsch erwacht, helfen zu wollen.

Wenn Letzteres der Fall ist, dann bitte erhebt euch vom Sofa und geht persönlich zu den Menschen, denen ihr helfen wollt. Hört damit auf, Spendenrufen zu folgen. Denn oft geht ein Großteil für die Verwaltungskosten der Hilfsorganisationen drauf´, und noch viel öfter sehen hilfsbedürftige Menschen keinen Cent von eurer gutgemeinten Spende. Somit habt ihr, ohne es zu wollen, gewissenlosen Menschen (Ausnahmen gibt es natürlich auch!) euer Geld in den Rachen geworfen.

Wenn man die wirtschaftliche Situation in diesem Land verfolgt, so erstaunt es doch sehr, dass immer noch Millionenbeträge bei Spendenaufrufen eingehen. Auch hier gilt, erst einmal gut für sich selbst zu sorgen. Es macht überhaupt keinen Sinn, sich eine Spende abschwatzen zu lassen, wenn man dafür selbst den Gürtel enger schnallen muss. Denkt immer daran, ihr seid das wichtigste Gut in eurem Leben. Ihr, nur ihr!

Seid ehrlich mit euch, dann seid ihr es auch mit anderen, und ihr gebt ihnen die Chance, ebenfalls ehrlich zu sein. Dadurch wir ein neues Verständnis für einander aufkommen. Wer anfängt, sich selbst zu schätzen, der fängt an, sich zu lieben. Und was man liebt, behandelt man in der Regel auch liebevoll. Und das ist die neue Zeitqualität, die sich anbahnen will. Wir sollen ehrlich, vertrauensvoll, gelassen, in Würde und liebevoll miteinander umgehen.

Es ist Zeit, alles, was uns belastet, abzulegen, dazu gehören auch die Besuche von Tante Helga. Und das Orientieren im Außen.

Lasst die Welt doch untergehen, aber bitte ohne euch. Ihr braucht nur fest wie ein Fels in der Brandung zu stehen, euch dem Wind, der euch um die Nase weht, hingeben und nur bei euch selbst zu bleiben, und ihr werdet feststellen, dass eure Welt eine andere ist. Eine, in der euch nichts mehr umhauen kann.

☆☆☆☆☆

Eine neue Welt

Diese neue Welt ist eure. Sie gehört euch alleine. Was aber macht nun diese neue Welt aus?

Wenn ihr angefangen habt, euch als das zu sehen, was und wer ihr wirklich seid, wenn ihr angefangen habt, die Zusammenhänge des Lebens zu verstehen, wenn ihr euer Gedankenmuster geändert habt, wenn ihr euch aus den vorherrschenden Gesellschaftsmustern zurückgezogen habt, wenn ihr im Innen wie im Außen entrümpelt habt, dann kann etwas Neues kommen, nämlich Freiheit.

Ihr werdet nicht mehr darauf angewiesen sein, euch an anderen zu orientieren, sondern beantwortet alles aus euch selbst heraus. Ihr habt die Wirrungen und Verstrickungen abgelegt und seid frei, und zwar ohne euch in die Wüste zurückzuziehen. Euer Umfeld wird diese Veränderung spüren. Sie werden euch argwöhnisch beobachten, denn sie können sich nicht erklären, was mit euch passiert ist. Lasst sie, und wenn ihr die Möglichkeit seht, sie in eure neue Welt einzuladen, dann tut es.

Es wird eine Faszination von euch ausgehen, die viele als beängstigend empfinden werden, weil sie keine Erklärung dafür haben. Gute alte Freunde werden sich verabschieden, aber dafür werden Gleichgesinnte in eurem Leben Einzug halten. Und zusammen mit ihnen dürft ihr nun Forschung betreiben.

Haben wir uns von all den eher verwirrenden Umständen, die das irdische Leben vermeintlich ausmachen, gelöst, hebt sich buchstäblich ein Vorhang. Da wir nichts mehr haben, also alte Werte losgelassen haben, ist nun Platz für unser eigenes Potenzial und das der Geistigen Welt.

Wir werden mit Erstaunen feststellen, dass wir uns voll und ganz auf unsere innere Stimme verlassen können. Sie wird zu unserem besten Berater, den wir nur haben können. Gleichzeitig verfeinern sich unsere Wahrnehmungen. Wir können uns so gut auf unsere Mitmenschen oder Situationen einstellen, dass man uns im Grunde genommen gar nichts mehr erzählen braucht. Wir wissen einfach, was in dem anderen vorgeht, und wir wissen, worauf die Situation hinauslaufen wird. Unsere Träume werden intensiver, und es wird für uns selbstverständlich sein, unseren geistigen Fähigkeiten und somit der Geistigen Welt zu vertrauen. Wir werden zu dem, was wir schon immer waren: spirituelle Wesen in Menschengestalt.

Jeder Mensch ist spirituell, ob er nun daran glaubt oder nicht. Diejenigen, die davon überzeugt sind, es nicht zu sein, spielen im übertragen Sinne noch im Sandkasten. Deswegen sind sie nicht schlechter als wir, denn auch wir haben uns einmal gegenseitig die Schüppchen um die Ohren gehauen. Wir wissen nun darum und können gerade deswegen mit diesen Menschen liebevoll umgehen, wobei wir eher selten mit einem Kindergartenkind in Berührung kommen werden, da Gleiches immer Gleiches anzieht. Sollte es doch verstärkt der Fall sein, haben wir noch etwas zu lernen.

Gerade am Anfang, wenn die Spiritualität erwacht, erliegen viele einer Fehleinschätzung der Situation. Das menschliche Ego bildet sich nämlich ein, es wäre jetzt etwas Besseres, und von daher möchte es, salopp ausgedrückt, mit dem gemeinen Fußvolk nichts mehr zu tun haben. Tja, und solange wir nicht begriffen haben, dass niemand schlechter ist (aber auch nicht besser) als wir, wird uns immer wieder ein Kind einholen. Manchmal ganze Kindergärten. Und zwar so lange, bis wir verstanden haben, dass sie einfach nur am Anfang ihrer Entwicklung stehen.

Wenn sich für uns die neue Welt langsam öffnet, also der Schleier immer dünner wird, werden wir vor Begeisterung alles aufnehmen und annehmen, was kommt.

VORSICHT!

Nicht alles, was an uns herantritt, ist ernstzunehmen. Menschen, die sich der Geistigen Welt öffnen, sollten achtsam sein. Denn so, wie es hier auf der Erde Hell und Dunkel gibt, so auch in der Geistigen Welt. Wer sich darüber im Klaren ist, der braucht nichts anderes zu tun, als der dunklen Seite keine Beachtung zu schenken.

Ich für meinen Teil habe sie anerkannt, ihr aber auch zu verstehen gegeben, dass ich nicht mit ihr zusammenarbeiten möchte. Und daran hat sie sich bis heute gehalten.

Erinnert euch, wir alle haben unseren freien Willen, und der wird überall geschätzt, und niemand setzt sich darüber hinweg. Auch hier liegt es in der Macht jedes Einzelnen von euch, ob ihr die dunkle oder die helle Seite zum Leben erwecken wollt. Wer davon überzeugt ist, von bösen Mächten besetzt zu sein, der wird „Dank" seiner eigenen Energie, die er ja gedanklich hineingibt, tatsächlich die Geister rufen, die er nicht mehr los wird. Allein der Gedanke, sich besetzt zu fühlen, reicht aus, um sich selbst Besetzter zu erschaffen!

Es ist ungeheuer wichtig zu verstehen, was sich abspielt. Wir sind die Schöpfer von allem, und wir ganz alleine haben die Macht, Dinge in unser Leben hereinzurufen oder nicht. Erinnert euch daran, alles ist Energie, so auch unser Gedankengut. Besetzungen, so wie sie verstanden werden, sind schlicht und einfach unmöglich. Wer sich also aufmacht und zu einem Exorzisten geht, der wird oft feststellen, dass die vermeintliche Besetzung verschwunden ist. Ist es nicht unglaublich, allein der Glaube daran, dass ein anderer die bösen Wesen vertreiben konnte, befreit uns von ihnen? Dabei hat der Exorzist in Wirklichkeit keinen Finger krumm gemacht. Er kann es auch gar nicht. Außer viel Hokuspokus und vielleicht noch einem Tänzchen, damit es nach etwas Handfestem aussieht, macht ein Exorzist **NICHTS**. Ach ja, er hält dann noch die Hand auf und lässt sich seinen Zauber meistens teuer bezahlen. Die ganz Gewieften unter ihnen machen uns wohlmöglich noch weis, dass wir ein Härtefall sind und noch mindestens dreimal wiederkommen müssen.

Wer lange Zeit Exorzist gespielt hat, ist natürlich felsenfest davon überzeugt, dass es böse Besetzungen gibt. Klar, er glaubt ja auch daran. Lasst euch also bitte keine bösen Flöhe (Geister) ins Ohr setzen, Besetzungen sind schier unmöglich! Es sei denn, ihr glaubt daran.

Glaube versetzt tatsächlich Berge. Im guten wie im negativen Sinne. Warum sich aber neuen Ängsten aussetzen, wo man doch gerade die alten über Bord geworfen hat? Unser Leben soll doch freudvoller werden! Also wenden wir uns doch den schönen Dingen zu. Lernen wir doch lieber die Geistige Welt mit all ihren Geschenken und Möglichkeiten kennen. Und lernen wir daraus, was alles in uns selbst steckt.

Ich erwähnte ja schon mehrmals, dass wir sowohl Sender wie auch Empfänger sind. Wir haben die Möglichkeit, Botschaften aus der Geistigen Welt zu empfangen und auch auszusenden.

Mein Lieblingsbeispiel ist das von dem nervigen Nachbarn, dem wir tunlichst aus dem Weg gehen wollen. Mal ehrlich, so einen Nachbarn haben wir doch (noch) alle.

Bevor wir unser Haus verlassen, wünschen wir uns, der Kelch möge dieses Mal an uns vorbeigehen, denn wir haben überhaupt keine Lust auf eine Begegnung mit ihm.

Bevor wir losgehen, spähen wir noch schnell aus dem Fenster und freuen uns schon, dass die Luft rein zu sein scheint. Schnell verlassen wir unser Haus, atmen schon erleichtert auf, um durch ein markiges: „Hallo, Frau Nachbarin", aus unserer voreilig geschlossenen Vorfreude herausgerissen zu werden.

Tja, da stehen wir nun und fragen uns, wieso er jedes Mal irgendwo steht und immer wir diejenigen sind, die für ein langatmiges Schwätzchen herhalten müssen.

Indem wir uns Gedanken machen, also Energie in diesen Vorgang legen, rufen wir, ohne uns darüber im Klaren zu sein, unseren Nachbarn herbei. So funktionieren wir als

Sender. Wenn unser Nachbar auf Empfang gestellt hat, wird er unserem „Ruf“ unweigerlich Folge leisten.

Und genauso funktioniert der Kontakt mit der Geistigen Welt. Je mehr wir uns mit ihr beschäftigen, umso eher erhalten wir Antworten. Es spielt keine Rolle, ob wir irgendwann in der Lage sein werden, hell zu hören oder hell zu sehen, das ist alles nur nebensächlich, es kommt nur darauf an, zu lernen oder, besser gesagt, herauszufinden, inwieweit wir von der Geistigen Welt unterstützt werden.

Hinweise darauf sind, wenn ein Vorhaben von uns reibungslos über die Bühne geht. Wenn wir uns zum Beispiel einen neuen Job wünschen, und aus heiterem Himmel fragt uns jemand, ob wir nicht Lust hätten…?

Oder wenn wir uns in anderer Form verändern wollen, aber nicht wissen, wie das funktionieren soll. Dann werden uns wunderbare „Zufälle“ zugespielt, und alles klappt wie am Schnürchen. Immer, wenn alles glatt läuft, hat die Geistige Welt ihre Finger im Spiel. Und oft kommen die Dinge auf so abenteuerlichen Wegen zu uns, dass wir fassungslos sind. Unser begrenzter menschlicher Verstand kann überhaupt nicht überblicken, welche Möglichkeiten da sind, das übernimmt die Geistige Welt.

Haben wir etwas vor, das nicht zu unserem Lebensplan gehört oder uns schaden würde, können wir damit rechnen, dass uns jede Menge Steine in den Weg gelegt werden. Alles, was mit Problemen behaftet wird oder zu einem Problem wird, enthält eindeutige Hinweise darauf, dass wir unsere Finger davon lassen sollten.

Die Geistige Welt wird entzückt sein, wenn wir anfangen, uns ihr bewusst zuzuwenden, und sie wird uns nach besten Kräften unterstützen. Nicht nur bei unseren irdischen Problemen, nein, sie wird uns auch in geistiger Hinsicht helfen. Sie wird uns endlich die Sicherheit geben, die wir immer gesucht haben.

Wir sind nicht alleine, und wenn wir uns noch so einsam fühlen. Unsere geistigen Freunde waren immer da. Sie durften sich nur nicht einmischen (zur Erinnerung: Unser freier Wille). Geduldig haben sie darauf gewartet, von uns entdeckt zu werden, und so kommt es nicht selten vor, dass sich Menschen, die sich der Geistigen Welt öffnen, regelrecht von der Flut der Informationen überschwemmt fühlen.

Anstatt nun aber das endlich geöffnete Tor wieder zu schließen, was leider viele tun, und zwar aus Angst, sie könnten geisteskrank sein, sollte man die Geistige Welt darum bitten, langsam zu verfahren. Wir stecken nun einmal in einem menschlichen Körper, auch wenn die Geistige Welt uns als das sieht, was wir wirklich sind. Und es reicht, sie daran zu erinnern. Ihr werdet sehen, sie hält sich daran. Sie wird in unserem Rhythmus ihre bahnbrechenden Informationen übermitteln. Unser freier Wille ist maßgebend für sie.

Leider beobachte ich immer wieder, dass Menschen, die die Geistige Welt entdecken, einem sogenannten Höhenflug unterliegen und damit anfangen, sich selbst zu überschätzen. Entweder sie schweben, eingehüllt in Wallegewänder, ständig auf Wolke sieben, damit auch jeder sehen kann, dass sie etwas ganz Besonderes sind und „können“, oder sie sind so von sich überzeugt, dass sie äußerst arrogant werden. Sie können es nicht ertragen, dass andere ebenfalls Fähigkeiten besitzen und machen sich nicht einmal die Mühe, auf das andere zu schauen. Treffen sie auf Menschen, die auf einem anderen Sektor tätig sind, so wird deren Arbeit meistens keine Beachtung geschenkt und fast immer abgewertet. Oft kommen gelangweilte Sätze, gepaart mit ebensolchen Blicken, wie: „**ICH** arbeite ja **NUR** mit Engeln“, oder „**ICH** bin ja ein **MEDIUM**“ usw.

Und ebenso oft wird man feststellen, dass solche Menschen alles daransetzen, dem anders arbeitenden Menschen ein Gefühl von Unterlegenheit zu geben. Bis dahin, dass sie regelrecht fanatisch an ihrer Arbeitsweise festhalten und andere Systeme in Grund und Boden stampfen. Hier kann ich nur sagen, je höher die Nase getragen wird, umso weniger ist verstanden oder gelernt worden. Je fanatischer jemand rüberkommt, umso größer ist die Unsicherheit.

Gleich den religiösen Fanatikern, die nichts anderes tun, als mit ihrem Fanatismus ihre innere Leere auszufüllen, sind fanatisch „spirituelle“ Menschen nichts anderes als immer noch Suchende. Sie mögen im Außen einiges entdeckt haben, aber das eigene Potenzial liegt immer noch brach. Kein Wunder also, dass das Ego bis zum Kamm anschwillt. Da es nichts hat, worauf es sich stützen kann, muss es sich aufblähen.

Lasst sie einfach, es hat keinen Zweck, seine Energien zu verschwenden. Das Schlimmste, aber auch das

Wirkungsvollste, was man einem Menschen antun kann ist, ihn nicht zu beachten, denn damit entzieht man ihm die Grundlage und die Energie. Je mehr wir uns auf solche Menschen einlassen, umso mehr Macht geben wir ihnen. Das gilt übrigens nicht nur für spirituelle Querköpfe.

Ein wahrhaft spiritueller Mensch zeichnet sich durch seine Bescheidenheit aus. Er hat es nicht nötig, sich wie ein Orang Utan auf die Brust zu schlagen und lauthals zu verkünden, wie toll er ist, denn er ruht so in seiner Mitte, dass er keine Bestätigung oder Anerkennung mehr von außen braucht. Je mehr er die Zusammenhänge des Lebens begriffen hat, und je tiefer seine Verbundenheit mit der Geistigen Welt wird, umso demütiger und dankbarer wird er werden. Und er weiß auch, dass eben viele Wege nach Rom führen.

So gibt es für jeden Menschen den richtigen Weg. Für die einen ist es REI KI, für die anderen ist es der Buddhismus, für wieder andere ist es eine Religion, und wieder andere verlassen sich nur auf die Geistige Welt oder auf sich selbst. Man muss kein Einsiedler sein, um zu spirituellen Erkenntnissen zu kommen, aber wer das unbedingt möchte, bitteschön.

Die Wege zur Spiritualität sind so zahlreich, wie es Menschen gibt. Ein Weg ist zum Beispiel, auf seine Träume zu achten. Vieles von dem, was wir wissen wollen, wird im Traum geschehen. Es lohnt sich also, ein Traumtagebuch anzulegen. Wer der Ansicht ist, dass er all das behalten kann, weil er nachts wach wird und sich die Information noch einmal bewusst einprägt, der wird sich wundern.

Wie oft bin ich nachts wach geworden und habe gedacht: „Meine Güte, so einfach ist das? Das weiß ich doch locker noch bis Morgen." Tja, der Morgen kam, und alles war weg. Außer, dass mir etwas Bahnbrechendes mitgeteilt wurde, ist mir nie eine Erinnerung geblieben. Daraufhin hat mir mein Mann ein Diktiergerät ans Bett gelegt, aber würdet ihr im Dunklen, noch dazu im Halbschlaf, den richtigen Knopf finden? Ich jedenfalls nicht.

Heute weiß ich, dass jede Information in uns abgespeichert wird und zum richtigen Zeitpunkt verfügbar ist. Dennoch möchte ich allen „Anfängern" raten, schreibt eure Träume auf. Sie sind oft genug Botschaften aus der Geistigen Welt, und gerade wenn wir am Anfang unseres spirituellen Pfades sind, sehr hilfreich. Aber sie sind auch Zeugnis dafür, was ihr als Nächstes macht. Unsere Seele geht ja nachts auf Wanderschaft. Sie löst sich aus dem Körper und kehrt für einige Stunden zurück in die Geistige Welt. Hier trifft sie sich mit ihren Freunden oder lässt sich einfach nur verwöhnen. Wenn das irdische Leben sie sehr erschöpft hat, erhöht sie in ihrer Heimat ihr Energielevel, tankt sich also buchstäblich wieder auf.

Immer, wenn wir morgens besonders frisch aufwachen und uns zudem völlig grundlos besonders glücklich fühlen, hat unsere Seele ein Bad aus Klang und Farben genossen und sich somit wieder energetisch aufgeladen. Sie eilt aber auch gerne zurück in ihr Schulungszentrum, um weiter zu lernen. Denn das Lernen hört nie auf, weder auf der Erde, noch im Himmel.

Menschen, deren Spiritualität erwacht, haben in jeder Hinsicht ein reiches Leben. Angefangen von den wunderbaren Erkenntnissen, die sie erhalten, bis zu der Feststellung, wie ihr eigenes Bewusstsein sich verändert. Sie erkennen, dass alles zusammengehört und wir alle ein Teil von etwas ganz Großartigem sind. Engel und begleitende Seelen werden ihre besten Freunde und Berater. Und die Seele? Die Seele ist einfach nur glücklich. Sie hat es geschafft, ihren Menschen auf den richtigen Kurs zu bringen. Zum ersten Mal läuft ihr „Fahrzeug" rund. Jetzt erst kann sie sich in vollkommener Gelassenheit endlich der Aufgabe widmen, wegen der sie sich eine Menschengestalt ausgesucht hat. Nämlich in vollem Bewusstsein ihrer wahren Identität eine Zeit auf der Erde in Menschengestalt zu verbringen.

Menschen mit diesem Bewusstsein haben keine Angst mehr vor dem Tod. Wenn wir abends in unser Bett fallen, so „sterben" wir jede Nacht. Die Seele löst sich aus unserem Körper, und nur unsere Hülle bleibt zurück. Sieh an, da sind wir wieder bei den Anfängen des Buches. Ein Mensch ist also durchaus in der Lage, ohne Seele zu leben. Nacht für Nacht löst sich unsere Seele aus unserem Körper und lässt uns einfach zurück.

☆☆☆☆☆

Schlaf, Tod und Sterben

Wer kennt das Gefühl nicht, mit einem Ruck plötzlich aus dem Schlaf zu erwachen? Diese Art von Rückkehr der Seele passiert in der Regel dann, wenn etwas Unvorhersehbares passiert. Sei es, dass plötzlich ein Telefon klingelt oder andere Geräusche unser Bewusstsein erreichen. Es ist, als wenn der Körper einen Notruf startet und unsere Seele daraufhin in einem Affenzahn zurückgesaust kommt. Den Ruck, den wir verspüren, löst die etwas unsanfte Landung der Seele aus. Und oft geschieht das so rasant, dass wir zwar wieder wach sind, aber vollkommen neben uns stehen und einige Zeit brauchen, um uns zu besinnen, wo wir gerade sind.

Nicht nur unser Körper ist unsanft aus seinem Schlummer geholt worden, nein, auch die Seele ist aus ihren Unternehmungen abrupt herausgerissen worden. Da brauchen beide ihre Zeit, um sich wieder zurechtzufinden.

Oft sind wir ja mit Freunden oder Familienangehörigen gesegnet, die ihren Spaß daran haben, allerlei Schabernack mit Schlafenden zu betreiben. Für den Schlafenden ist das gar nicht so lustig, wenn er mit einer Feder an der Nase gekitzelt wird, wobei das noch das Harmloseste ist. Jedes Mal, wenn ein Mensch, aus welchen Gründen auch immer, aus dem Schlaf gerissen wird, erleben er wie auch die Seele eine Schockreaktion. Also an alle Spaßvögel dieser Welt: Sucht euch bitte ein anderes Betätigungsfeld für eure Scherze! Schon der Volksmund wusste: „Schlafende soll man ruhen lassen." Ja, bitte.

Nun ist es ja leider in der heutigen Gesellschaft nicht machbar, im Rhythmus der Sonne zu leben. Viele von uns müssen folglich während des Winters im Dunkeln aufstehen. Dieser Umstand macht vielen zu schaffen.

Und zu Recht, denn es widerspricht jeglichem natürlichen Rhythmus des Körpers. Unser Körper ist ein durchlässiges Instrument und abhängig von Licht. Müssen wir im Winter gegen die Empfindung des Körpers im Dunklen aufstehen, so fühlt sich fast jeder unwohl damit. Kein Wunder, fehlt uns doch das aktivierende Licht der Sonne. Aber nicht nur, dass Millionen von Menschen im Winter ohne Licht aus dem Bett müssen, nein, sie werden auch noch äußerst brutal aus ihrem wohlverdienten Schlaf gerissen. Überall rasseln, klingen, scheppern und lärmen Wecker. In manchen Haushalten steht sogar mehr als einer, aus Angst, man könnte verschlafen.

Sorry, aber da sträuben sich mir schon beim Schreiben sämtliche Nackenhaare. Wie kann man nur so masochistisch sein? Sich selbst so unsanft aus dem Reich der Träume zu holen? Jeden Morgen passiert nämlich das, was ich oben schon geschrieben habe, nur mit dem Unterschied, dass wir selbst uns so unsanft wieder zurückholen.

Es geht auch anders. Wir können uns nämlich ganz einfach darauf programmieren, wann wir wach werden wollen. Bevor wir einschlafen, brauchen wir unserem Körper und unserer Seele nur zu erklären, dass wir um die oder die Uhrzeit wieder wach sein wollen. Das funktioniert!! Natürlich muss man dies am Anfang üben, und ich würde niemandem dazu raten, stehenden Fußes seine Wecker zu entsorgen, denn wir brauchen sie noch zu unserer Sicherheit. Erst wenn wir die Programmierung wirklich beherrschen, können wir uns getrost von ihnen trennen.

Wer sich selbst nicht zutraut, zukünftig auf seinen Wecker verzichten zu können, für den habe ich noch einen anderen Tipp. Mittlerweile gibt es Sonnenaufgangssimulationsgeräte von verschieden Firmen, wie zum Beispiel DAVITA GmbH & Co. KG oder SML. Licht- und Therapiesysteme. Das sind Geräte, die einen langsamen Sonnenaufgang simulieren und meistens noch für diejenigen, die auch diesem System nicht trauen, eine Sicherheitsalarmfunktion beinhalten. So gibt es also tatsächlich einige Menschen, die sich der Qualität und der Wichtigkeit des Sonnenlichts für uns bewusst sind und sich Gedanken gemacht haben, wie man diesen natürlich Prozess nachahmen kann.

Zukünftig ohne Wecker oder mit einem Sonnensimulator wach zu werden, wird zu einer bedeutend besseren Verfassung führen. Auf ihrer Reise durch die Nacht ist es für die Seele natürlich schöner, vom Licht angezogen und zurückgeholt zu werden. Unsere Seele fängt das Licht auf, und zwar unerheblich davon, wo sie sich gerade aufhält. Sie hat so die Möglichkeit, sich in aller Ruhe von dem Ort oder ihren Freunden zu verabschieden und braucht nicht mehr in rasanter Talfahrt in unseren Körper zurückzustürzen.

Nacht für Nacht erleben wir also nichts anderes wie die Abwesenheit unserer Seele. In der Einschlafphase dämmern wir fast unmerklich dahin, bis wir eingeschlafen sind. Dann ist unsere Seele auf dem Weg zu ihrem Ursprung. Oft verweilt sie noch ein bisschen in unserer Nähe, denn es könnte ja sein, dass sie noch gebraucht wird. Denn auch wenn unser Körper nach Erholung ruft, so schaltet sich unser Gehirn keineswegs ab. Es verarbeitet quasi noch im Zeitraffer den hinter uns liegenden Tag. Um es wieder einmal mit einem Computer zu vergleichen: Unsere Festplatte (unser Gehirn) wird aufgeräumt. Und auch wir können dabei hängenbleiben. Je nach Qualität der Ereignisse bleiben wir immer wieder bei einem bestimmten Gedanken hängen, was zur Folge hat, dass wir uns wie Meerschweinchen im Laufrad drehen. Das hat schon so manchem von uns eine schlaflose Nacht bereitet. Und auch die Seele erhält unter diesen Umständen keine Gelegenheit, sich zu verflüchtigen.

Im Gegensatz zu unseren PC können wir uns nicht einfach abschalten, und mein Rat wäre, einfach wieder aufzustehen und sich mit anderen Dingen ablenken. Entweder den Hausputz machen, sich einen Film ansehen oder ein Buch lesen. Hauptsache Ablenkung. Sich hin und her zu wälzen und auf den wohlverdienten Schlaf zu warten, schlägt genau ins Gegenteil um. Wir werden immer wacher.

Im Laufe unseres Lebens wird uns der Schlaf immer wichtiger. Konnten wir als Jugendliche noch ohne Anstrengung die Nacht zum Tag machen, so fällt uns dies mit zunehmendem Alter immer schwerer. Das hat aber im eigentlichen Sinne nichts mit dem Alter zu tun, sondern eher mit dem Rhythmus des Lebens. Die Seele genießt es ja gerade in dieser Zeit, also in den jungen Jahren, auf der Erde zu sein. Sie ist vollständig hier angekommen und genießt in vollen Zügen das Dasein. Und dazu gehört auch, sich die Nächte um die Ohren zu schlagen.

Später dann, wenn die Hinwendung zu Spirit erfolgt und sie sich erinnert, woher sie kommt, nutzt sie die Nächte, um dorthin zu gelangen. Die Seele, die schon länger im menschlichen Körper lebt, trifft so nach und nach alle Vorkehrungen für ihre Heimkehr, und von daher werden ihre Ausflüge wieder kürzer. Im Alter brauchen wir also nicht mehr so viel Schlaf. Unser Körper auch nicht mehr. Er ist ebenfalls schon darauf programmiert, sich langsam abzuschalten.

Äußerliche Anzeichen sind: Unser Haar wird weiß, die Spannkraft der Haut lässt zum Leidwesen vieler Frauen nach, der Körper verändert sich ebenfalls, die Augen werden schlechter wie auch unsere Ohren, die ersten Zipperlein treten auf, kurzum, auf der ganzen Linie körperliches Versagen. All das gehört aber zwingend zu unseren Reisevorbereitungen der Seele, denn sie alleine weiß, wie lange sie auf dieser Erde sein wollte, und sie alleine weiß, wie und wann ihr Abschied sein wird.

Es gibt unzählige Ausstiegsmöglichkeiten. Angefangen von einem natürlichen Tod, also altersbedingt, über Mord, Unfall, Selbstmord, einer todbringenden Krankheit bis hin zu Natur- oder anderen Katastrophen.

Gott sei Dank stehen die mittelalterlichen Foltermethoden, zumindest in unseren Breitengraden, nicht mehr zur Verfügung, so dass uns wenigstens diese schreckliche Art des Sterbens erspart bleibt. Eine Seele, die auf diese Weise aus dem Körper getrieben wird, erleidet unweigerlich einen tiefen Schock. Und das, obwohl sie schon vorher weiß, dass sie auf diese Art gehen wird.

Wir fragen uns immer, warum nur geschehen so viele Gräueltaten, noch dazu in unserer so aufgeklärten Welt? Wir leben ja nun nicht mehr im Mittelalter. Mögen all die schrecklichen Ereignisse in unseren Augen noch so unmenschlich erscheinen, müssen wir uns dennoch darüber im Klaren werden, dass jede Seele, bevor sie geboren wird, weiß, wie ihr Leben endet. Zudem darf man nie vergessen, dass auch Seelen ihre unterschiedlichen Bewusstseinsstufen haben.

Die Menschen, die es fertigbringen, andere zu foltern, zu unterdrücken oder umzubringen, dürften noch in einem ziemlich jungen Seelenstadium sein. (Oder die Seele war zu schwach, sich gegen das Gehirn ihres Menschen durchzusetzen.) Auch unsere Kinder können auf ihre Weise grausam sein.

Die Welt ist der Platz, an dem sich alle Bewusstseinsstufen wiederfinden. Hier ist der Ort des Lernens, aber auch des Ausprobierens. Tatsächlich ist alles erlaubt. Die Auswertung findet in unserer Heimat statt. Und wir sind diejenigen, die erschüttert sind, wozu wir als Mensch fähig waren. Wir alleine gehen mit uns zu Gericht. Niemand sonst! Denn wir finden uns als Lichtwesen wieder und können es deswegen nicht fassen, so „versagt“ zu haben. Und so stellen wir uns im nächsten Leben zum Ausgleich als Opfer zur Verfügung, denn als Lichtwesen haben wir den tiefen Wunsch nach Wiedergutmachung.

Wir wissen also schon, dass wir einen Schock erleiden werden. Wir wissen aber auch, dass unsere himmlischen Freunde uns sofort in die Hallen der Heilungstempel bringen werden. Wir nehmen also nicht für immer und ewig Schaden, sondern werden vollkommen wiederhergestellt.

Wenn eine Seele sich eine Krankheit als Heimweg ausgesucht hat, war das in früheren Zeiten der einfachste Weg, um nach Hause zu kommen. Heute kostet es eine Seele unendlich viel Kraft, sich gegen all die Hilfsmaßnahmen durchzusetzen, die eingeleitet werden, um ihre Heimkehr zu verhindern. Dank unserer so fortschrittlichen, technisierten Medizin wird es immer schwieriger, das irdische Leben auf diese Weise zu beenden.

Wir erinnern uns, unsere Seele hat ihren freien Willen, so auch der Körper, der ein eigenes Bewusstsein hat. Jede Seele hat ihr Leben von Anfang bis Ende geplant. Allerdings hat sie sich jede Menge Spielraum gelassen, damit sie von ihrem freien Willen auch Gebrauch machen kann. Und so gibt es in jedem Leben immer Abweichungspunkte von dem einmal erstellten Lebensplan.

Und nun kommen wir zu dem Punkt, an dem es mit dem freien Willen einer Seele aufhört. Hat sie sich dafür entschieden, mit Hilfe einer schweren Krankheit die Welt zu verlassen, sieht sie sich plötzlich in Gefangenschaft wieder. Gefangen in den Klauen der Medizin, und gefangen in den Emotionen ihrer Angehörigen. Nicht nur, dass sie mit ansehen muss, dass dem Körper lebenserhaltende

Maßnahmen zugeführt werden, die das körperliche Leiden nur verlängern (und das der Angehörigen), nein, sie muss auch noch die Emotionen ihrer Angehörigen sehen. „Herr Doktor, bitte tun Sie alles, was in Ihrer Macht steht."

Da jeder Arzt sich dazu verpflichtet hat, Leben zu erhalten, wird dieser natürlich alles in seiner Macht stehende versuchen, um dem frommen Wunsch der Angehörigen nachzukommen.

Auweia, jetzt kommt die Seele um ihren wohlverdienten Ruhestand. Vorbei ist es mit ihrem schönen Plan, die Welt auf einfache Weise zu verlassen. Sie kann es nämlich nicht ertragen, dass ihre Angehörigen so um sie leiden, und nur ihnen zuliebe macht sie das ganze Karussell der Schrecklichkeiten der lebenserhaltenden Maßnahmen mit und erarbeitet sich damit quasi unfreiwillig noch einen Sonderbonus in Sachen Leid.

Es mag vorkommen, dass so manche Seele von ihrem Plan abweicht und wieder gesund wird. Aber nur, weil ihr auf Dauer das Leiden zu viel wird. Je nachdem, welche Beziehung sie zu ihrem Körper und zu ihren Angehörigen hatte, entschließt sie sich zur Umkehr. Dann bleibt sie eben noch ein Weilchen, was auch in Ordnung ist. Aber grundsätzlich gilt: Sämtliche lebensbedrohliche Krankheiten oder auch Unfälle, nach denen man in sogenannter Lebensgefahr schwebt, sind von der Seele eingeleitet worden, um nach Hause zu gehen.

So gesehen maßen sich Ärzte und Verwandte an, in den freien Willen einer Seele einzugreifen und sie nicht gehen lassen zu wollen. Bei den Verwandten ist es purer

Egoismus, und Ärzte verdienen ihr Geld damit. Allein der Seele ist es zu verdanken, ob sie sich für oder gegen das Leben entscheidet und nicht, wie fälschlicherweise immer angenommen wird, der Medizin oder den Künsten der Ärzte. Wieviel Leid könnte den Menschen und der Seele erspart bleiben, wenn man in der Lage wäre, die Dinge so zu sehen, wie sie sind?

In Krankenhäusern, Altenreservaten (Altenpflegeheime) und Intensivstationen herrscht, so gesehen, der blanke Horror. Ich möchte hier keineswegs die Arbeit all der Pfleger, Krankenschwestern- oder -brüder und Ärzte schmälern, denn sie alle pflegen mit Hingabe und tun wirklich ihr Bestes.

Dennoch möchte ich die Dinge aus spiritueller Sicht erklären, denn aus dieser Sicht spielen sich im eigentlichen Sinne Katastrophen ab. Ich habe lange genug in Krankenhäusern und Altenpflegeheimen gearbeitet, um mir selbst ein Bild davon machen zu können. Und gerade in unseren Altenpflegeheimen wird das Grauen am deutlichsten. Hier werden in der Regel nicht selten nur noch Zombies verwaltet. Zombies insofern, als der Körper aus eigener Kraft nicht mehr existieren könnte, wenn man ihn nicht mit Medikamenten vollpumpen würde, der Geist sich oft schon verabschiedet hat und in der Regel die Seelen ebenfalls. Sie mögen ab und zu mal nachschauen, wie es um ihr Vehikel Mensch bestellt ist, werden aber in der Regel schnell wieder das Weite suchen. Und so kümmern sich die Pfleger und Ärzte im Grunde genommen um eine längst gestorbene Sache, um eine verwelkte, kranke, künstlich am Leben erhaltene Hülle. Mehr nicht.

Ich muss das hier so hart erscheinen lassen, damit ein Umdenken eingeleitet werden kann. Von Menschen als leere Hülle zu sprechen macht mir auch keine Freude, aber man muss es einfach so sehen, um zu verstehen, was man da in Wirklichkeit tut.

Nun steckt aber noch in jeder Hülle, und sei sie noch so krank und schwächlich, Leben. Und so muss der Mensch nun mehr oder weniger bewusst erleben, wie man ihn tagtäglich dazu zwingt, Dinge auszuhalten, die er gar nicht möchte.

Nicht nur unsere Seele hat ihren freien Willen, nein, auch der Mensch! Aber warum wird gerade in solchen Situationen über unseren freien Willen hinweggegangen und oft völlig anders entschieden? So viele haben eine Patientenverfügung ausgefüllt, in der schriftlich hinterlegt ist, was im Falle eines Unfalls oder einer Krankheit gemacht werden darf und was nicht, und so viele finden sich dann doch an Maschinen angeschlossen und/oder mit Medikamenten ruhiggestellt. Oft kommt noch die vollkommen entwürdigende Situation dazu, dass man seine Körperfunktionen nicht mehr unter Kontrolle hat und anderen somit hilflos ausgeliefert ist. Man kann sich nicht mehr selbst waschen, geschweige denn auf die Toilette gehen, noch selbst Nahrung und Getränke zu sich nehmen.

Gerade bei Menschen in Altenheimen stellt man einen enormen Anstieg von Aggressivität fest. Manche gehen, sofern sie es noch können, auf das Pflegepersonal los, wieder andere stoßen immerzu Verwünschungen aus oder rennen bis zur völligen Erschöpfung die langen Flure rauf und runter. Und wehe, jemand hindert sie daran. Liegt es an den Heimen? Liegt es am Personal? Mitnichten. Es liegt ganz allein am menschlichen Bewusstsein. Ein zum Sterben entschlossener Mensch, der dazu gezwungen wird, weiterzuleben, wird auf Grund dieser Maßnahme aggressiv. Und das vollkommen zu Recht, denn schließlich stellen sich andere frontal gegen die getroffene Entscheidung und somit gegen seinen freien Willen. Instinktiv richtet er also seine Aggression gegen diejenigen, die ihn an seiner Entscheidung hindern. Und diese haben oft keine bessere Lösung, als die wütenden Menschen zu fixieren (an Betten oder Rollstühlen festzugurten) oder ihnen ruhigstellende Mittel wie Opiate aller Art zu verabreichen. Dazu verschlingen sämtliche Maßnahmen und Erhalt solcher Verwahranstalten eine Unmenge von Geldern.

Angesichts dieses Hintergrundwissens bedarf es eigentlich keiner Diskussion mehr, ob Sterbehilfe erlaubt sein sollte oder nicht. Selbstverständlich soll es nicht dazu führen, dass wir Tante Helga auf Grund eines harmlosen Schnupfens ins Jenseits verhelfen, nur damit wir an das erhoffte Erbe gelangen. Nein. Aber jeder, der es wünscht und der sich bewusst dafür entscheidet, sollte diese Hilfe ohne „Wenn und Aber“ in Anspruch nehmen dürfen.

Es liegt aus spiritueller Sicht kein Grund vor, sich nicht für Sterbehilfe zu entscheiden. Wir bestimmen, wann wir die Bühne des Lebens betreten wollen, und wir bestimmen, wann und wie wir sie wieder verlassen wollen. Und es macht sehr wohl einen großen Unterschied, wie wir die

Bühne verlassen. Gehen wir mit Applaus in unseren Ohren, oder gehen wir verstohlen heimlich im Dunklen, wohlmöglich noch mit Schmäh im Nacken? Dann doch bitte mit erhobenem Haupt und ungebrochener Würde.

Wäre das Verständnis um die Zusammenhänge vorhanden, gäbe es keinerlei Diskussionen über dieses Thema. Denn egal, ob wir eines natürlichen Todes sterben oder bedingt durch einen Unfall, eine Krankheit oder Selbstmord, in allen Fällen haben sich unsere Seelen dafür entschieden, zu gehen. Und sich selbst darauf programmiert! Es gibt also keine Veranlassung, dagegen anzugehen. Im Gegenteil, wir sollten aufhören, Menschen zu Tode zu quälen, denn nichts anders tun wir mit unseren vermeintlich lebenserhaltenden Maßnahmen. Vielmehr sollten wir ihnen die restliche Zeit so angenehm wie möglich machen. Auf ihre Wünsche und Bedürfnisse eingehen, sie in ihren Ängsten beruhigen und sie liebvoll umsorgen.

So wie für eine Geburt alles in die Wege geleitet wird, so können wir Menschen, die von uns gehen, auf ihrem Weg zurück in die Heimat freudvoll begleiten, denn es ist eine Freude nach Hause zu kommen. Und diese Freude sollte nicht so hart erkämpft werden müssen, wie es überall der Fall ist. Was macht es schon, einen alten Menschen, der nach Hause will, sein Lieblingsschnäpschen zu kredenzen? Schadet es ihm? Mit Sicherheit nicht. Oder wenn unser Opa auf dem Sterbebett noch einmal eine Havanna rauchen möchte. Schadet es einem Todgeweihten? Außer, dass er, statt auf normalen Wege zu sterben, wohlmöglich in den Flammen umkommt, weil er die Zigarre in seinen zitterigen Händen nicht mehr halten konnte, kann doch gar nichts passieren. Nein, Spaß beiseite, aber bitte, gewöhnen wir uns doch an, Menschen auf ihre individuelle Weise gehenzulassen. Und statt uns die Augen aus dem Kopf zu weinen, sollten wir uns über alle freuen, die es geschafft haben, denn sie sind zurückgekehrt in ihren Ursprung.

Jetzt sind sie frei und losgelöst von der irdischen Schwere. Sicherlich dürfen wir sie vermissen, aber bitte nicht so sehr, dass sie sich genötigt sehen, bei uns zu bleiben. Mit unserer Trauer hindern wir sie daran, voll und ganz ins Licht zu gehen, und binden sie nur ungewollt an uns.

☆☆☆☆☆

Trauer

Wir, die Hinterblieben, wissen oft nicht, wohin mit unserem Kummer, unserem Schmerz und unserer Trauer. Da wir so gefangen sind, können wir keinen klaren Gedanken mehr fassen und stehen erst einmal unter Schock. Ein Mensch, der uns wichtig war, den wir geliebt haben, hat uns verlassen. Für immer. Unwiderruflich. So denken wir. Wir können nicht mehr mit ihm sprechen, ihn nicht mehr in den Arm nehmen, oder mal eben anrufen und, und, und. Alles aus und vorbei. Oft quälen uns auch noch Selbstvorwürfe, weil wir uns in Erinnerung rufen, was wir alles unterlassen haben.

„Warum habe ich bloß nicht genauer hingehört? Dann wäre mir aufgefallen, dass es ihm/ihr so schlecht ging“, oder: „Hätte ich mehr Zeit gehabt, dann hätte ich mich besser kümmern können. Wir hätten doch zusammen eine Lösung gefunden.“ Solche und ähnliche Gedanken quälen uns, wenn einer aus unseren Reihen den Freitod gefunden hat.

Ähnlich verhält es sich bei Unfällen. „...und ich war auch noch so garstig heute Morgen. Ja, musste ich denn mit ihm/ihr streiten? Hätte ich gewusst...“

Und wieder ähnlich verhält es sich in den Fällen, in denen wir zwar wissen, dass der Tod über dem Bett schwebt, wir aber gerade an dem Tag entweder wieder nach Hause gegangen sind oder noch keine Zeit hatten, unseren Besuch anzutreten. Manchmal gehen wir auch nur in die Cafeteria, um uns zu stärken, und schon ist es geschehen.

Egal, ob Freitod, Unfall oder Krankheit, in allen Fällen haben wir keinen Einfluss auf die Ereignisse, und von daher müssen wir die Umstände so nehmen, wie sie sind. Es macht keinen Sinn, sich zusätzlich zu seiner Trauer auch noch mit Selbstvorwürfen zu belasten. Wir sind energetisch gesehen sowie schon am untersten Level, da müssen wir uns nicht auch noch selbst den Rest geben. Auch wenn es niemand glauben mag, der freien Seele geht es alles andere als schlecht, denn sie hat ihren irdischen Panzer abgelegt und wird von ihren geistigen Freunden sehnsüchtig erwartet. Und es spielt keine Rolle, ob sie nun durch Freitod, Unfall, Mord oder Krankheit die Bühne des Lebens verlassen hat, immer steht ihr ein Empfangskomitee zur Verfügung. Und immer sind es die Seelen, die ihr am wichtigsten sind, und zwar himmlische wie auch ehemalige irdische Lieblingsweggefährten.

Zudem stehen, je nach Schwergrad der irdischen seelischen Verletzungen, jede Menge Heiler bereit, die sofort nach der Begrüßung alles dafür tun, die verletzte Seele zu heilen. Ist die Heilung abgeschlossen, sofern sie nötig war, kann sich die Seele, vollkommen wiederhergestellt, ihrer himmlischen Welt zuwenden. Das heißt, sie könnte, wenn da nicht trauernde Menschen wären...

Sie kann diesen für sie unnötigen Schmerz nicht ertragen und wird sofort alles tun, um den Trauernden zur Hilfe zu eilen. Und so bemüht sie sich manchmal Jahre um Hinterbliebene. Sie ist immer da und versucht, den Schmerz zu lindern. Trauernde erzählen nicht selten, dass sie das Gefühl haben, mit ihren Verstorbenen reden zu können, oder dass sie das Gefühl haben, sie seien noch präsent. Plötzlich scheint es zu spuken. Die Leselampe von Opa geht aus unerklärlichen Gründen immer an und aus, ein leichter Zigarrenduft zieht durch die Räume, oder Omas Schaukelstuhl bewegt sich sanft hin und her, ohne dass wir jemanden darin sitzen sehen. Manchmal weht uns der Duft von Kaffee um die Nase oder das Parfum, das eine Seele zu Lebzeiten bevorzugt benutzt hat. All das und noch viel mehr sind Hinweise für die Hinterbliebenen, dass die Seele des Verstorbenen keineswegs tot, sondern putzmunter ist.

Seelen, die von uns gegangen sind, machen gerne mit den Dingen auf sich aufmerksam, von denen sie wissen, dass wir sie sofort mit ihnen in Verbindung bringen. Sie wollen uns damit trösten und uns zu verstehen geben, dass wir keinen Grund zur Trauer haben müssen, aber in unserem Schmerz hören wir sie nicht. Oft bedienen sie sich auch unserer Träume und zeigen uns die wundervolle Landschaft und Umgebung, in der sie jetzt leben, und haben wunderbare tröstliche Worte für uns. Diese Träume sind keine Spinnerei, sondern wertvolle Reisen.

Je weniger wir diesen Dingen Beachtung schenken, umso mehr hindern wir die Seele daran, sich ihrer Welt zuzuwenden. In unserer Unwissenheit über die Zusammenhänge „zwingen“ wir eine Seele dazu, sich mit uns zu beschäftigen, anstatt sich um sich selbst kümmern zu dürfen.

Wenn wir unseren reinen Seelenzustand wieder haben, also zu Lichtwesen geworden sind, dann sind wir so voller Liebe, dass wir Leid nicht mehr ertragen können. Und wir fühlen uns freiwillig dazu verpflichtet, unseren Hinterbliebenen beizustehen. Sicherlich, es gibt niemanden in der Geistigen Welt, der uns daran hindern würde, aber dennoch verspüren wir Trauer, dass wir jetzt zwar endlich wieder daheim sind, aber eigentlich nichts davon haben.

Noch mehr Trauer überfällt uns, wenn wir mit ansehen müssen, dass alle unsere Versuche, uns mitzuteilen, abprallen. Wir haben ja nun die ganze Bandbreite von Allem-was-ist vor Augen, wir wissen nun um alle Zusammenhänge, sehen also auch, was die große Trauer mit den Menschen macht. Oh, wenn wir dürften, wie wir wollten. Aber nein, da ist uns ja der freie Wille eines jeden Menschen im Weg. Und so verbringen wir viel, viel Zeit damit, für trauernde Menschen einfach nur da zu sein.

Es mag sich wieder einmal hart anhören, aber in Wirklichkeit gibt es keinen Grund, traurig zu sein, wenn eine Seele heimgekehrt ist. Ich persönlich bin mit der Zeit dahintergekommen, dass wir im Grunde genommen gar nicht um die Seele weinen, sondern um uns selbst. Wenn man so will, ist Trauer reiner Egoismus. Uns ist etwas weggenommen worden, das uns lieb und teuer war, und wir sehen keine Möglichkeit mehr, uns mit diesem Menschen auszutauschen. Er ist einfach weg, und diese Tatsache lässt uns verzweifeln, macht uns vielleicht auch wütend und hinterlässt Trauer. Wir trauern um uns selbst, um unseren Verlust, und nicht um die Seele. Das zu erkennen erfordert eine große Portion Mut zur Ehrlichkeit.

Ich für meinen Teil habe ausdrücklich verboten, mir zu „Ehren“ eine Trauerfeier zu veranstalten, denn ich möchte nicht betrauert werden, sondern ich möchte, dass meine Hinterbliebenen ein Freudenfest für mich veranstalten. Und wer auch nur eine Träne verdrückt, der bekommt es mit mir zu tun!

Der Tod ist nichts anderes als die Rückkehr in unsere Heimat. Wie und wann wir zurückkehren, spielt letztendlich keine Rolle, es zählt nur, was IST. Und wenn ich meine irdischen Augen für immer schließe, so bin ich hingegangen, wo mein Zuhause ist. Und da ich sehr unternehmungslustig bin, zudem auch sehr ungeduldig sein kann, habe ich bestimmt keine Lust, länger als nötig Trauernde zu trösten. Viel lieber möchte ich durch die Geistige Welt streifen, mir alles wieder in Erinnerung rufen, auf den Pfaden der Erinnerung wandeln, mich mit alten Freunden treffen und, und, und. Nein, Trauernde möchte ich nicht sehen. Ich möchte Menschen sehen, die sich mit mir freuen, dass ich wieder zu Hause bin, denn es ist unser aller Zuhause! Von dort kommen wir, dahin gehen wir. Es liegt ein so großer Trost darin.

Als Lichtwesen gehen wir auf die Reise. Im Grunde genommen treten wir eine Studienfahrt an, in unserem Gepäck ein Reiseplan und auch eine Route. Unser Ziel ist es, so viel wie möglich zu studieren und gleichzeitig Meisterschaft zu erlangen. Oft haben wir einen Auftrag, den wir zu erledigen haben, und auch den gilt es nach Möglichkeit zu erfüllen. Um uns alle Wege offen zu lassen, nämlich wie und wann wir all das bewerkstelligen können, haben wir einen freien Willen. Und so sind jegliche Abweichungen von unserer Studienreise erlaubt.

Kein Leben ist umsonst gelebt, denn jedes Leben hat seinen tiefen Sinn. Und wenn es unser freie Wille war, aus der einstmals geplanten Studienreise eine Urlaubsreise zu machen, so ist auch das in Ordnung. In den himmlischen Reisebüros sind Umbuchungen jederzeit möglich.

Als Menschen fragen wir uns so oft, worin der Sinn liegt, dass ein Kind sterben musste (plötzlicher Kindstod) oder ein Kind zu Tode gequält wurde, warum Menschen von einer Katastrophe heimgesucht wurden, warum es so viel Elend auf der Welt gibt usw. Wir müssen uns das fragen, weil wir mit unserem menschlichen Verstand und Bewusstsein so eingeschränkt sind, dass wir die Zusammenhänge nicht sehen können. Viele verlieren ihren Glauben an Gott und seine Welt: „Wie kann Gott nur so viel Grausamkeit zulassen? Warum greift er nicht ein?“ Er kann es nicht, weil gerade ER uns unseren freien Willen geschenkt hat. Wenn es unser Wille war, Grausames zu erleben, weil wir der Meinung sind, etwas gut machen zu müssen, so kann ER nichts dagegen tun.

Wenn wir aus Angst vor dem irdischen Dasein gleich schon mit der Reiserücktrittsversicherung wedeln und uns schneller wieder auf dem Weg nach Hause befinden als unseren irdischen Eltern lieb ist, ist dafür Gott nicht verantwortlich zu machen. Ebenso, wenn wir in Gebieten inkarnieren, die soziale Brennpunkte sind oder von Naturkatastrophen heimgesucht werden. Wir selbst haben uns vor Antritt der Reise etwas dabei gedacht. Es war und ist allein unser Wille, was und wie wir leben wollen. Das entzieht sich somit vollkommen Gottes Macht.

Wir sind einstmals ausgezogen, uns das Fürchten zu lehren. Gott unterstützt uns nur mit seiner Liebe und seinen himmlischen Helfern. Wenn wir aufhören, wie ein Mensch zu denken, dann wird vieles für uns klarer. Wir unterliegen nicht mehr der Illusion, getrennt von allem zu sein, sondern wir lernen, die Dinge global zu sehen und dass es auch auf der Erde nur um Energien geht.

Jeder von uns ist ein Energieträger von Allem-was-ist, und alles ist miteinander verbunden. Trennung, wie wir sie wahrnehmen, gibt es nicht. Allein das menschliche Bewusstsein schafft dieses Trennungsdenken. In Wahrheit sind wir alle miteinander verbunden. Jeder Mensch mit jedem anderem Menschen, und so spannt sich ein gigantisches energetisches Netzwerk über Mutter Erde.

Egal, was jeder Einzelne von uns denkt, fühlt oder tut, es hat seine Auswirkung auf unsere Mitmenschen wie auch auf Mutter Erde und die Geistige Welt. Alles gehört zusammen, alles IST eins, niemand ist alleine. Für jeden Menschen gibt es Unterstützung, und zwar unabhängig, ob er daran glaubt oder nicht.

☆☆☆☆☆

Himmlische Helfer

Wenn wir uns dazu entschließen, als Mensch zu inkarnieren, bekommen wir selbstverständlich eine Reisebegleitung mit auf den Weg. Wir nennen diese Begleiter Schutzengel. Diese Lichtwesen waren niemals auf Mutter Erde, sind also durch und durch hochgeistige Wesen. Ihre Aufgabe ist es, uns still und unerkannt auf unserer Reise zu begleiten. Immer dann, wenn wir in eine lebensbedrohliche Situation gelangen, die nicht in unser Leben gehört, die wir uns also nicht in unseren Lebensplan hineingeschrieben haben, greifen sie ein. Wenn man so will, hat jeder Mensch seinen ganz persönlichen Bodyguard. Auch wenn sie nie als Mensch inkarniert haben, so können sie doch alle Gestalten annehmen, und nicht selten begegnen sie uns tatsächlich in Menschengestalt.

Hier kann ich als Beispiel ein Ereignis erzählen, das mir vor ein paar Jahren widerfahren ist.

Nach einem Besuch bei einer Freundin saß ich im Zug nach Hause. Anfangs hatte ich eine nette Gesprächspartnerin, die aber leider schon beim ersten Halt aus dem Zug ausstieg. Während unserer Unterhaltung fiel mir auf, dass sich auf der Seite gegenüber sämtliche Sitze mit nicht gerade vertrauenserweckenden Gestalten männlicher Natur füllten.

Einer nach dem anderen musterte uns Frauen mehr als einmal ab, und als meine Gesprächspartnerin ausstieg, saß ich ganz alleine in meiner Sitzgruppe.

Zu allem Übel setzte sich auch noch ein vollkommen betrunkener Mensch auf den letzten freien Platz in der Sitzgruppe gegenüber, und ich saß da wie gelähmt. Mein Versuch, einfach aufzustehen und in ein anderes Abteil zu gehen, schlug fehl, da ich mich beim besten Willen nicht bewegen konnte.

Die Blicke wurden immer anzüglicher, und da es Ausländer waren, verstand ich leider nicht, was sie sagten. Ich wusste nur, dass sie über mich sprachen, und zum ersten Mal in meinem Leben lernte ich echte Panik kennen. Ich fühlte mit allen meinen Sinnen, dass ich in Gefahr war, konnte aber nichts dagegen tun, denn aufstehen war nicht möglich.

Mitten in meiner Angst kam ein tröstlicher Gedanke: „Hanne, die Geistige Welt hat dich bestimmt nicht so weit kommen lassen, um jetzt tatenlos zuzusehen, wie es dir an den Kragen geht."

Kaum blitzte dieser Gedanke auf, tauchte wie aus dem Nichts ein Hüne von Mann auf, der sich wortlos zwischen mich und die andere Gruppe setzte. Der Angetrunkene lallte ihn sofort an, und er unterhielt sich mit einer Selbstverständlichkeit mit ihm, als wenn er nichts anderes machen würde, als in aller Seelenruhe mit Betrunkenen zu reden.

Nach und nach stiegen die nicht Vertrauen erweckenden Gestalten aus, natürlich nicht, ohne mich mit anzüglichen Blicken zu bedenken, bis schließlich auch der Betrunkene aufstand, um auszusteigen. Der Hüne blieb so lange sitzen, bis er sah, dass wirklich alle gegangen waren. Immer noch hatte er kein Wort mit mir gesprochen.

Nachdem die Luft also rein war, stand er auf, schaute mir tief in die Augen und sagte sehr betont: „Auf Wiedersehen!“, lächelte, und ehe ich etwas erwidern konnte, war er ebenso verschwunden, wie er gekommen war.

Schlagartig wurde mir bewusst, dass ich eine „Lektion“ in Sachen Vertrauen bekommen hatte. Und dass mir gezeigt wurde, wie Engel auch arbeiten. Sie hatten mich lahmgelegt, damit ich diese Lektion nicht verpassen konnte.

Ja, die Wege, die Engel nehmen, sind so vielseitig, wie es Menschen gibt. Man muss nur lernen hinzusehen. Menschen, die aus irgendwelchen Gründen traurig sind, läuft auf einmal ein Kätzchen oder Hündchen zu. Entweder sind ihnen die Tiere „zugeteilt“ worden, oder aber es sind verkleidete Engel. Wenn ein Hund oder eine Katze eine nur relativ kurze Zeit bei dem Menschen bleibt, ist dies ein Hinweis darauf, dass es ein Engel gewesen sein könnte. Sie kommen, um uns zu trösten und von unserem Schmerz abzulenken.

Es kann auch sein, dass wir immer den gleichen Vogel sehen und hören, der uns auf seine Weise erfreut und somit wieder Licht in unser Leben bringen möchte, wie überhaupt Tiere oft als Botschafter der Engel eingesetzt werden. Was sie uns zu überbringen haben, wird von Regula Meyer in ihrem Buch *„Tierisch gut“* auf sehr schöne Weise beschrieben.

Außer unseren persönlichen Schutzengeln bis hin zu unseren Erzengeln, die wir rufen dürfen, wenn wir nicht mehr weiterwissen, haben wir noch Wesen um uns herum, die sich mit irdischen Dingen bestens auskennen: Unsere begleitenden Seelen. Diese haben ihren Inkarnationszyklus abgeschlossen und sich darauf spezialisiert, Menschen tatkräftig zu unterstützen. Sie haben also alle Vorraussetzungen, uns als Menschen auch zu verstehen, denn schließlich waren sie selbst mal welche. Sie sind ebenfalls in unserer unmittelbaren Nähe und jederzeit bereit, etwas für uns zu tun. Da sie aber nur tätig werden dürfen, wenn wir sie rufen, wird sich sicherlich die eine oder andere Seele bei unserer Heimkehr „beschweren". „Warum hast du dich eigentlich nicht bei mir gemeldet? Ich hätte dir doch so oft helfen können." Tja, und wir stehen da und müssen zerknirscht zugeben, dass wir sie schlicht und einfach vergessen haben. Mit dem Versprechen, beim nächsten Mal an sie zu denken, ist der himmlische Haussegen aber schnell wieder geradegerückt. Wir sind also niemals alleine. Und wenn wir uns hier unten noch so alleine fühlen, wir sind es keineswegs. Wir können unsere Engel zu Hilfe holen, aber auch unsere begleitenden Seelen. Und selbst unsere lieben Verstorben sind für uns da. Sie stehen uns vielleicht sogar am nächsten, nur nehmen wir sie nicht wahr, weil wir auf einer anderen Schwingungsebene zu Hause sind.

Es ist genau diese Schwingungsfrequenz, die dafür sorgt, dass wir nebeneinander existieren, ohne uns gegenseitig in die Quere zu kommen. Der Himmel oder die Geistige Welt ist nicht etwa in den Weiten des Universums zu suchen, nein, er ist, um es mit den Worten von Paul Meek zu sagen, tatsächlich nur einen Schritt von uns entfernt. Und wir alleine haben es in der Hand, ob wir ihn uns zunutze machen wollen oder nicht.

Sind wir bereit, uns auf die Geistige Welt einzulassen, werden wir Erstaunliches feststellen: Unser Leben wird leichter. Aber noch etwas passiert mit uns. Mit der Zeit, wenn es für uns selbstverständlich geworden ist, Hand in Hand mit der Geistigen Welt zu arbeiten, werden wir feststellen, dass schon immer alles da war. Dass sie und ihre wunderbaren Geschenke so dicht vor unserer Nase gelegen haben, dass wir alles übersehen haben.

Die Entdeckung der Geistigen Welt wird uns viel Freude bringen, denn sie schenkt uns alles, was sie nur kann, weil sie in ihrer Großzügigkeit unübertroffen ist.

Und wir dürfen uns ihrer kostenlos bedienen. Was viele von uns ja auch tun. Manche befällt ein regelrechter „Einkaufsrausch“, und sie stopfen sich alles in ihren Warenkorb, was sie nur kriegen können. „Zu Hause“ angekommen, haben sie Schwierigkeiten, der Fülle überhaupt noch Herr zu werden, und so wird einfach alles übereinander gestapelt. Ja, ich spreche hier von spirituellen „Messis“.

Es macht überhaupt keinen Sinn, in einen spirituellen Kaufrausch zu verfallen. Da wird von einem Seminar zum nächsten gegangen, es werden Bücher angeschafft, um sich noch mehr zu informieren, Meditationen werden bis zur völligen Erschöpfung geführt, und die Sucht nach mehr wird immer stärker.

Man wirft vielleicht noch kurze Blicke in andere Glaubenssysteme und ist der irrigen Ansicht, man müsse von REI KI bis Wellnessmassagen, Dorn, Breuß, Klangschalen, über TAROT bis Aura Soma alles beherrschen. Das Ende vom Lied ist keineswegs die Beherrschung aller Dinge, sondern nur halbherziges „Wissen“ und jede Menge Chaos.

Für jeden Menschen, der sich aufmacht, die spirituelle Welt zu entdecken, gibt es ein ganz bestimmtes Feld, das nur für ihn da ist. Dieses Feld zu seinem zu machen und darin Meisterschaft zu erlangen ist viel erstrebenswerter, als sich so zu verzetteln.

Alle spirituellen „Messis“ dieser Welt können im Grunde genommen nichts richtig. Sie haben zwar überall reingeschnuppert, sich aber nicht die Mühe gemacht, sich in der Materie zu vertiefen. Und so kommt es manchmal zu unglaublichen Ansichten und leider auch Aussagen.

Spirituelle „Messis“ sind oft genug Menschen, die anderen einreden, man müsse sich vor bösen Geistern in Acht nehmen, und dass es hilft, sich Knoblauchzehen um den Hals zu hängen. Sie greifen in die Kiste ihrer Sonderangebote, mischen alles zusammen und heraus kommt nur sinnloses, angstmachendes Gerede.

Für mich gibt es nichts Schlimmeres, wie wenn gerade erwachende Menschen an einen spirituellen „Messi“ geraten, da es von hoher Wichtigkeit ist, wie man an die Geistige Welt herangeführt wird. Die allererste Begegnung mit der Geistigen Welt entscheidet unwiderruflich, wie wir mit ihr in Zukunft umgehen.

Menschen, deren Wille, sich der Geistigen Welt zu öffnen, gleich im Keim erstickt wird, weil sie vor lauter Angst davor zurückschrecken, wird man nicht zum Umdenken bringen können. Ihre eingepflanzten Ängste lassen es nicht zu.

Es liegt nun mal in der Natur des Menschen, nach anfänglich schlechten Erfahrungen alles über einen Kamm zu scheren: „Bleib mir bloß vom Leib." Wir leben immer noch in der Dualität und für alles gibt es eine helle und eine dunkle Seite.

Wer also jemals schlechte Erfahrungen gemacht haben sollte, dem rate ich, trotzdem den Mut zu haben, sich die andere Seite anzusehen. Wenn ihm diese nicht gefällt, dann kann er sich immer noch gegen die Geistige Welt stellen.

Die Messis bringen sich auch selbst in große Gefahr. In ihrer Gier, alles haben zu wollen, geraten sie oft an Scharlatane, die es leider auch gibt. Ein schönes Beispiel dafür ist die REI KI-Szene. Hier gibt es tatsächlich sogenannte REI KI-Meister/Lehrer, die ihre Schüler an einem Wochenende in den I., II. und III. Grad einweihen. Oder die vier Einweihungen zum I. Grad an einem Stück vollziehen. Oder noch „schöner", ihre Einweihung übers Internet anbieten, sogenannte Ferneinweihungen.

Diese Meister und Lehrer tragen diese Titel vollkommen unberechtigt. Sie sind keine Meister, geschweige denn Lehrer. In der Regel sind sie nämlich auch nicht in der Lage, ihren Schülern eine fundierte Ausbildung zu bieten. Sie sind schlicht und ergreifend einfach nur Abzocker und Hochstapler und ein Schandfleck für alle liebevoll und ernsthaft arbeitenden REI KI-Meister/Lehrer. Wüssten sie nämlich um das Spiel der Energien, würden sie niemals einem Schüler alle vier Einweihungen auf einmal geben, geschweige denn, den I.,II. und III. Grad an einem Wochenende.

Ist nun ein Suchender an so einen „Meister“ geraten, ist er für alle Zeiten für das Wunder von REI KI verdorben. Er fühlt nämlich ganz genau, dass er außer heißer Luft nichts geboten bekommen hat, was ihn veranlasst, das Thema REI KI für alle Zeiten abzuschließen. Hinzu kommt, dass er seiner Empörung Luft macht und seine schlechte Erfahrung weitererzählt. Und so dreht sich das Karussell immer weiter.

REI KI hat mittlerweile auf Grund einiger unverantwortlicher „Lehrer/Meister“ einen denkbar schlechten Ruf bekommen, und das nur, weil nicht der Gedanke des Heilbringens im Vordergrund stand, sondern der Gedanke an Geld.

Nun, egal, auf welchem Sektor man einmal schlechte Erfahrungen gemacht hat, es wäre schön, dahin zu gelangen, die Dinge nicht zu bewerten sondern als Erfahrung abzutun. „Das war wohl nichts, na und? Auf zum nächsten Versuch.“ Das wäre der richtige Weg. Alles andere führt nur dazu, dass sich die Energien verstärken. Im Fall von REI KI, was nun wirklich eine wunderbare sanfte Heilmethode ist, hin zum Negativen.

Mal ehrlich, jetzt haben wir aus spiritueller Sicht so lange geschlafen, kommt es wirklich darauf an, dass wir quasi im Schnellverfahren alles nach- und einholen müssen? Gut Ding will Weile haben, was auch für die Arbeit mit der Geistigen Welt gilt. Zudem ist dies nun kein Spiel mehr.

Wer meint, nur weil er ein Buch über TAROT gelesen hat, gleich schon Kurse oder Sitzungen anbieten zu können, der handelt schlicht und einfach verantwortungslos. Es mag eine Zeit lang gut gehen, das heißt, es kommen auch tatsächlich Interessierte, aber es wird nicht lange dauern und derjenige bleibt auf seinem Angebot sitzen. Die Menschen fühlen nämlich sehr genau, wer sein Handwerk versteht, und wer nicht. Aber vor allem fühlen sie, wer mit ganzem Herzen dabei ist.

Sollte auf Grund des Gesetztes der Resonanz das Geschäft mit den Karten doch boomen, so wird über kurz oder lang die Geistige Welt die Tür zuschlagen. So geduldig und liebevoll sie ist, sie lässt sich auf Dauer nicht missbrauchen.

Diese Sicherheit befähigt mich inzwischen, ruhig zu bleiben, wenn ich auf Scharlatane aufmerksam gemacht werde oder sie selbst entdecke. Ich nehme sie einfach nur wahr, und gebe weder gute noch schlechte Energie hinein. Es ist viel einfacher, bei sich selbst zu bleiben, als sich aufzubauschen und somit die andere Seite zu stärken. Im Annehmen dessen, was ist, liegt eine immense Stärke, denn wir hören auf, Energien Gewicht zu geben und sie hin und her zu schieben, und somit haben wir alle Energie der Welt nur für uns. Wie schön, wir brauchen sie nämlich auch!

Und wir werden im nächsten Kapitel sehen, wofür.

☆☆☆☆☆

Der Weg zur inneren Wahrheit

In all den Äonen von Jahren, die wir nun schon als Lichtwesen über den Erdengrund streifen, haben wir nichts anderes getan, als im Außen nach Lösungen zu suchen. Egal, ob wir nun an die alte Schöpfungsgeschichte glauben oder an die, die ich angeboten habe, fest steht, wir sind aus unserem ehemaligen Paradies herausgefallen. Wir kamen aus dem Licht und sind in den unendlichen Weiten der Dunkelheit gelandet. In unserer Verzweiflung, wieder nach Hause zu kommen, haben wir einst Kriege eingeleitet, nur weil wir dachten, dass die anderen einen Schlüssel zur Rückkehr gefunden hätten.

Während wir damit beschäftigt waren, Kriege zu führen, verdichtete sich die Atmosphäre immer mehr, und als wir dies bemerkten, wussten wir nicht mehr, worum wir einst kämpften und warum wir so kriegerisch sind. Ein wahrhaft dunkles Zeitalter begann. Bis auf ein paar wenige ging unser Bewusstsein für das, was wir waren, vollkommen verloren.

Da ein Teil von uns, der aus dem Paradies gefallen war, zu ihrer eigenen Sicherheit auf einer Zwischenstation geblieben war, in der sogenannten Geistigen Welt, wurden erste Hilfsmaßnahmen eingeleitet. Es war die Zeit der Propheten, und sie alle kamen, um uns daran zu erinnern, wer wir waren. Und so glomm die Hoffnung in uns auf. Kaum hatte sich jedoch die Hoffnung entzündet, wurde der Krieg wieder entfacht.

Die damaligen Kirchengründer konnten und wollten nicht zulassen, dass wir aus eigener Kraft Kontakt zur Geistigen Welt, geschweige denn zu Gott, herstellen konnten, und so begann der Kirchenkrieg, und mit ihm die Kreuzzüge und die Inquisition. Jeder, der sich „anmaßte“, aus sich selbst heraus die Verbindung zum Paradies aufzunehmen, musste um sein Leben fürchten, was die Hoffnung der Menschen äußerst brutal unterdrückte. Glücklicherweise gestand die Kirche wenigstens ein gewisses Maß an Spiritualität zu, was die Hoffnung wieder auferstehen ließ.

Fortan hatten wir uns an Mittelsmänner (Priester) zu halten, wenn wir Kontakt mit der Geistigen Welt haben wollten, aber immerhin, wir durften Kontakt haben. Und so kam die Zeit, in der wir zwar wussten, dass es ein Himmelreich gibt, aber aus eigener Kraft keine Verbindung aufnehmen konnten und durften, denn immer stand jemand dazwischen.

Mit all den Jahren war das Bewusstsein aber gewachsen, und es wächst immer noch, so dass sich die ersten von uns gegen die Diktatur der Kirchen auflehnten. Tief in ihrem Inneren wussten sie, dass es keine Notwendigkeit gab, über Dritte bei Gott und seiner Welt anzuklopfen. Wir konnten selbst klopfen. Und siehe da, es wurde uns aufgemacht. Und so erschloss sich uns endlich eine Welt, die einzigartig, fremd und doch so vertraut war.

Neue Lehrer betraten die Bühne des Lebens. Jeder hatte ein anderes Tor gefunden, um in Kontakt mit der Geistigen Welt zu kommen, und sie waren überzeugt davon, dass sie dieses Wissen nicht geheimhalten durften.

In dem Maße, wie sie andere unterrichteten, bröckelte die Obrigkeitsvorherrschaft der Kirche ab. Dankbar nahmen wir die Schlüssel zu unserer Freiheit entgegen und setzten damit eine Entwicklung in Gang, die sich immer noch weiter ausdehnt. Wir erkannten, dass Kriege sinnlos sind, erkannten auch, was wir mit unserer schönen Welt gemacht hatten und wandten uns mit einem neuen Gefühl im Herzen anderen zu: mit Liebe.

Diese neue Form von Liebe verlieh uns eine neue Sichtweise. Umweltschutz, Tierschutz, Menschenrechtsschutz, um nur einige zu nennen, sind nur entstanden, weil die bedingungslose Liebe zu uns kam. Nun sind wir bis heute damit beschäftigt unsere alten Fehler wieder gutzumachen und zu retten, was noch zu retten ist.

Es ist keine Frage, dass es immer noch korrupte Menschen gibt, die der neue Zeitgeist noch nicht erreicht hat, aber sie gehören eben zu den Seelen, die in ihrer Entwicklung noch nicht so weit sind. Es hilft herzlich wenig, sie zu bekämpfen, sie müssen tun, was sie für richtig halten. So lange der Rest der Menschheit sie nicht aus den Augen verliert und ihnen eventuell Einhalt gebietet, ist Schadensbegrenzung immer möglich.

Gerade mit den heutigen Möglichkeiten kann unendlich viel erreicht werden. Aber so lange immer noch Machtdenken und die Gier nach Geld vorherrschen, wird es weiterhin zu Auseinandersetzungen kommen. Auch hier gilt, wie für alles andere auch: Ruhe bewahren. Keine zusätzliche Energie hineingeben und mit klarem Verstand handeln. Aber das hatten wir ja schon.

Die Hoffnung hat uns zu der bedingungslosen Liebe geführt, und diese hat etwas verschwinden lassen, an das wir uns lange Zeit geklammert haben: den Glauben. Auf unserer Reise durch die Epochen sind wir im Hier und Jetzt angekommen. Mit der Möglichkeit, selbst in Kontakt mit der Geistigen Welt zu treten, hat sich über die letzten Jahre ein Wandel vollzogen. Wir glauben nicht mehr nur, dass es eine Geistige Welt geben muss, nein, wir wissen darum, und mit diesem Wissen ist auch die Angst verflogen. Wir durften nämlich feststellen, dass Gott und seine Welt Besseres zu tun hat, als Buch über jeden Menschen zu führen, damit man uns beim Jüngsten Gericht unserer „Schandtaten" überführen könne.

All das hat uns zu einer enormen Freiheit verholfen. Wann immer wir wollen, können wir Kontakt zu unseren himmlischen Freunden aufnehmen, egal, ob Engel, begleitende Seelen oder andere Lichtwesen, sie alle kommen, wenn wir sie rufen. Sie begleiten uns mit großer Freude auf unserem Weg der Erkenntnisse und unterstützen uns nach besten Kräften. Wir können uns also sicher sein, dass wir immer jemanden an unserer Seite haben, wenn wir Hilfe brauchen, und so machen viele von uns auch regen Gebrauch von der himmlischen Unterstützung.

Ich kann nur sagen, dass es nichts Wundervolleres gibt, als sich so auf seine himmlischen Freunde verlassen zu können. Lange Jahre habe ich mich blind auf meine Helfer verlassen können, und sie kamen immer.

Bis? Ja, bis zu meiner für mich schweißtreibenden Sitzung, in der ich ganz allein ins Rennen geschickt wurde.

Ein Klient hatte sich bei mir zur Lebensberatung mit Hilfe von TAROT angemeldet und saß nun hilfesuchend und erwartungsvoll vor mir.

Wie immer ließ ich die Karten mischen und freute mich schon auf das aufsteigende Kribbeln, das mir verriet, dass meine Helfer anwesend waren.

Der Klient mischte, und es tat sich nichts. Nun denn, wahrscheinlich kommen sie erst, wenn sie wirklich gebraucht werden, dachte ich und legte die Karten aus. Da lagen nun die Karten vor mir und dem Klienten, und immer noch rührte sich nichts.

Langsam wurde mir mulmig. Wo blieben sie denn nur: „Hallo?" Innerlich brach ich förmlich zusammen.

Nach außen versuchte ich, Fassung zu bewahren. Schließlich kannte ich meine Karten nach gut 21 Jahren in- und auswendig. Aber es war schon ein Unterschied, die Karten und ihre Bedeutung „nur" zu kennen oder mit Hilfe der Geistigen Welt für mich nicht sichtbare Aspekte herauszuholen.

Langsam brach mir der Schweiß aus. Ich konnte noch so sehr um meine gewohnte Unterstützung betteln, es tat sich nichts, und so blieb mir nichts anderes übrig, als aus mir selbst heraus zu schöpfen.

Ich nahm also einen tiefen Atemzug und los ging's. Es half ja auch nichts anderes. Hätte ich meinem Klienten sagen sollen: „Kommen sie lieber ein anderes Mal wieder, meine geistigen Helfer glänzen heute durch Abwesenheit?" Nein, das konnte ich nicht bringen, also nahm ich die Herausforderung an. Und siehe da, es wurde eine phantastische Sitzung, und erst am Ende spürte ich das mir so vertraute und geliebte Kribbeln.

„Da habt ihr mich aber ganz schön hängen lassen", maulte ich anschließend mit meinen Helfern. Ich sehe sie noch grinsend vor mir stehen.

Nun, es hat natürlich eine Weile gebraucht, bis ich verstand, worum es ging.

Denn nach diesem Ereignis hatte ich immer öfter das Gefühl, dass ich kaum noch einen von meinen himmlischen Helfern erreichte. Das erweckte eine Traurigkeit in mir, die ich kaum beschreiben kann. Sie schienen sich immer mehr von mir zu entfernen, und ich fragte mich Wieso und Warum. Hatte ich was falsch gemacht? Wenn ja, was nur?

Es stellte sich dann später heraus, dass ich gar nichts falsch gemacht hatte. Wie der „Zufall" es so wollte, belegte ich Monate später ein Seminar, das von der Neuen Energie handelte. Und so erfuhr ich, dass im Zuge der Neuen Energie und der neuen Zeitqualität, die alle Menschen durch ihre Bewusstseinsveränderung, ihren Glauben und ihre bedingungslose Liebe auf der Erde bewirkt hatten, nun die Zeit gekommen ist, uns unser Licht und unser Potenzial vollends zurückzuholen. Tja, manchmal muss man einfach zur richtigen Zeit am richtigen Ort sein. Die Erklärung ist wieder einmal so einfach.

Seit unseren Anfängen haben wir nichts anderes getan, als im Außen nach Hilfe zu suchen. Die Sehnsucht nach Antworten hat uns die Tür zur Geistigen Welt geöffnet, und wir sind hineingeplatzt wie bei einem Schlussverkauf: „Her mit all den schönen Antworten!“ Eine herrliche Zeit für uns alle. Wann immer wir Fragen hatten oder Hilfe brauchten, war eine Anlaufstelle da, was bis zu einem gewissen Grad vollkommen in Ordnung war und höchste Zustimmung fand. Der spirituelle Supermarkt war so lange für uns geöffnet, wie wir ihn benötigten.

Wir mussten erst fest im Sattel sitzen, bevor der Rückzug der Geistigen Welt beginnen konnte. Denn alles, was wir uns bis jetzt im Außen (also bei der Geistigen Welt) geholt haben, liegt in uns selbst. Es kann gar nicht anders sein, als dass uns die Geistige Welt nun an unser Potenzial heranführt, denn wir sind Lichtwesen in Menschengestalt! Folglich haben wir alle Fähigkeiten in uns selbst. Wenn wir unserem Verstand die Erlaubnis erteilen, in spirituellen Momenten zurückzutreten, wird etwas anderes zum Vorschein kommen, nämlich unser Seelenpotenzial, unser Licht. Und es wird uns in allem gut beraten. Wann immer wir zukünftig nach Lösungen suchen, wir werden sie nicht mehr im Außen finden, denn alles liegt in uns selbst.

Denjenigen, die nun Angst bekommen oder sich bei diesem Gedanken unwohl fühlen, sei gesagt, dass der Rückzug der Geistigen Welt erst erfolgt, wenn sie sich sicher ist, dass wir auf eigenen Beinen stehen können. Es ist also nicht so, dass ihr von heute auf morgen einfach stehengelassen werdet. Der Wandel nach innen vollzieht sich **immer** im jeweiligen individuellen Rhythmus. So gilt es wieder einmal, auf Entdeckungsreise zu gehen, auf die Reise zum wahren Selbst und zur Wahrheit.

Jesus hat einmal gesagt: „Das alles, und noch viel mehr, könnt ihr selbst!“ Oh ja, wir können, denn als Lichtwesen haben wir alles, was wir dafür brauchen, wir haben es nur über unsere lange Reise vergessen.

Am besten kann man unsere Reise mit einem riesengroßen Pendel vergleichen. Als es angestoßen wurde, bewegte es sich mit Schwung nach vorne, und zwar solange, bis es seinen Höhepunkt erreicht hatte. Wir bewegten uns also von unserem Ursprung FORT. Je weiter wir fort-schritten, umso mehr gab es für uns im Außen zu entdecken. Das war ungemein spannend, und es machte uns sichtlich Spaß. Bis zu dem Punkt, an dem es nicht mehr viel zu entdecken gab. Wir kannten nun fast alles, was mit dem irdischen Leben zusammenhing, und auf dem Gipfel unserer Abenteuerreise wurden wir langsam müde. Ein Hauch von Erinnerung streifte uns, und das genügte, um aufmerksam zu werden. Mit zunehmender Freude erkundeten wir nun die Geistige Welt, was das Pendel veranlasste, sich zurückzubewegen.

Wir alle befinden uns, wenn wir beim Beispiel des Pendels bleiben, nun auf den Weg zurück, und darum ist es nicht falsch zu sagen: „Zurück in die Zukunft“. Der Weg zurück ruft viele Erinnerungen hervor. Wer sich hier auf der Erde zu den Spuren seiner Kindheit und Jugend aufmacht, der erinnert sich automatisch an viele Ereignisse. Längst Vergessenes taucht an die Oberfläche, und nicht selten wundern wir uns, wieso wir so vieles vergessen konnten.

Nichts anderes passiert nun mit uns, die wir einst (sei es frei- oder unfreiwillig) ausgezogen sind, um neue Welten zu erkunden. Wir bewegen uns zurück, was in vielen von uns Erinnerungen wachrufen wird. Und immer öfter werden wir uns fragen: „Ja, warum habe ich nicht schon eher daran gedacht", oder: „Wieso bin ich nicht schon früher darauf gekommen?"

Auf unserer Reise zurück in unsere Zukunft öffnen sich buchstäblich Schleusen. Unsere Sehnsucht nach mehr, aber vor allem unsere Sehnsucht nach der Wahrheit, hat den dichten Vorhang des Vergessens angehoben. Die Geistige Welt geht sehr behutsam mit uns um, denn sie weiß, dass wir die ganze Wahrheit nicht verkraften könnten. Und so hebt sich der Vorhang nur stückchenweise. Da wir es so gewohnt sind, an die Hand genommen zu werden, also unsere Verantwortung und unser Leben anderen zu überlassen, denken wir, dass es jetzt die Geistige Welt ist, die uns an die Hand genommen hat und uns lenkt und führt. Wir versuchen zwar, eigenverantwortlicher zu leben, aber dafür verlassen wir uns jetzt voll und ganz auf die Geistige Welt. Das alles ist vollkommen in Ordnung und muss auch so sein, denn ohne die großzügige Unterstützung der Geistigen Welt würden wir uns nur schwer zurechtfinden.

Nun aber kommt der Zeitpunkt, und dem nähern wir uns unweigerlich, an dem wir die Hilfe und die Unterstützung der Geistigen Welt nicht mehr erhalten werden. Wir befinden uns sozusagen im Endspurt. Als Mensch haben wir alles erfahren und erlebt, was nur möglich war, haben darüber unsere Verbindung zur Geistigen Welt erkannt und mit Freude im Herzen mit ihr zusammengearbeitet, doch nun ist der große Moment gekommen, an dem sich der Vorhang vollends heben möchte.

Bei allem, was wir bis jetzt getan haben, waren wir immer im **AUSSEN** orientiert. Mit der rückwärtigen Pendelbewegung geht die Reise nun zwangsläufig nach **INNEN.** Wir haben alles, was wir für die Reise brauchen, in unserem Gepäck und wir dürfen jetzt, nachdem uns unsere Reisebegleiter verlassen, unsere völlig verstaubten Koffer öffnen: nämlich uns selbst.

☆☆☆☆☆

Wunderbare Erkenntnisse

Einigen Lesern wird wahrscheinlich angesichts der Tatsache, dass sie über kurz oder lang auf die Hilfe der Geistigen Welt verzichten müssen, sozusagen das Herz in die Hose rutschen. Dazu kann ich nur sagen, dass niemand von heute auf morgen einfach losgelassen wird, sondern immer der jeweilige individuelle Bewusstseinsstand für diese Veränderung ausschlaggebend ist.

Und noch ein Wort des Trostes: Die Geistige Welt ist nicht wirklich weg, sie tritt nur einen Schritt zurück. Das tut sie nicht, um uns zu ärgern, sondern um Platz für uns zu schaffen. Denn wenn wir anfangen, unsere Koffer zu öffnen, werden wir enorm viel Platz brauchen. Außerdem geht das Gerücht um, dass sie eine große Wiedersehensparty organisieren und von daher wenig Zeit haben, sich um uns zu kümmern.

Ich habe in diesem Buch viel über die wirtschaftlichen Verhältnisse gesprochen (manchen vielleicht zuviel), und an dieser Stelle komme ich noch einmal kurz darauf zurück, denn sie sind nur ein äußeres Zeichen für das, was sich in Wirklichkeit abspielt.

Wir sehen die Dinge immer noch aus unserer Froschperspektive, erfassen somit das Gesamtbild nicht. Was wir sehen ist, dass immer mehr Menschen arbeitslos werden und sich die Lage nur verschlimmert. Betrachtet man die Situation allein aus menschlicher Sicht, so muss man sagen: „ Eine Katastrophe!“ Beziehen wir aber die Geistige Welt mit ein, so wird nur zu deutlich, warum wir in dieser

Krise stecken. Was nämlich wirklich eingeläutet wurde, ist die Befreiung von alten Systemen, die uns bis jetzt Sicherheit gegeben haben. Politik, Wirtschaft und Kirchen verlieren immer mehr an Boden, und das ist auch gut so, denn es gibt keine Notwendigkeit mehr, an diesen alten Systemen festzuhalten, die uns sicherlich lange gut gedient haben, aber nun nicht mehr zu halten sind.

Der Rückzug der Geistigen Welt macht sich also auch ganz real bemerkbar, denn bevor etwas Neues entstehen kann, muss das Alte einstürzen. Und nichts anderes erleben wir gerade. Wir befinden uns also in den Geburtswehen einer Neuen Zeit, und die sind nun mal für alle schmerzhaft spürbar.

Natürlich wird es nicht einfach sein, da viele Menschen verzweifelt an ihren alten Werten festhalten wollen (sie kennen ja noch nichts anderes), und je mehr das Alte zerbrechen will, umso fanatischer werden sie sich daran klammern. Siehe Amerika und seine Jesus Armee, siehe Opus Dei (Soldaten der Kirche), siehe sämtliche fundamentalistischen Organisationen mit Hang zum Fanatismus.

Wir werden das Auflehnen gegen die Veränderung und die Aufhebung alter Werte noch sehr deutlich zu sehen und auch zu spüren bekommen. Wieder einmal geht die Angst um, und die Angst vor Verlust lässt die Menschen auf die Barrikaden gehen. Auch wenn sie nicht wissen, was im Moment auf energetischer Ebene passiert, so fühlen und erleben sie, dass ihnen etwas weggenommen werden soll. Auch sie sind spirituelle Wesen, das darf man niemals vergessen.

Sie befinden sich nur auf einer anderen Bewusstseinsstufe. Es ist ganz wichtig, dass dies verstanden wird, denn wenn man weiß, dass allein die Angst Menschen zu Handlungen hinreißt, die Schaden und sogar Leid über die Menschheit bringen, kann man mit ihnen ganz anders umgehen.

Wir alle sind aufgefordert, ihnen die Angst zu nehmen. Es nützt nämlich nichts, wenn wir sie mit Argumenten überreden wollen, dies oder jenes zu lassen, oder wenn wir ihnen einen Krieg androhen, wenn sie nicht umdenken. Nein, das alles ist nur Wasser auf die Mühlen der Angst. Wir müssen lernen, uns ihre Ängste anzuhören. Zeigen wir die Bereitschaft zuzuhören, gewinnen wir mit der Zeit ihr Vertrauen. Und das ist der einzige Weg zu einer Verständigung, – uns ihren Ängsten stellen und uns ihrer annehmen.

Niemals sollten wir in Zukunft vergessen, dass wir alle auf der gleichen Reise sind, und dass wir alle „klein" angefangen haben. Alle diejenigen, die nach uns diese Reise angetreten haben, können noch nicht so weit sein wie wir. Und wir, die wir unser Bewusstsein durch so viele Leben schon angehoben haben, sollten unseren Reisegefährten die Hand reichen, und nicht die Keule. Auch sollten wir niemanden, der nichts von Spiritualität wissen will, davon überzeugen wollen oder ihn mitleidig von oben herab behandeln. Denkt immer daran, auch ihr wart einmal I-Männchen im großartigem Spiel des Lebens. Jetzt sind wir dabei, ein neues Spiel zu spielen: Das Spiel der Wahrheit. Und es wird noch eine Zeit lang dauern, bis wir unseren Erkenntnissen trauen können.

In diesem Buch habe ich versucht, die Einzigartigkeit des Menschen herauszuheben. Ich habe versucht aufzuzeigen, dass wir viel mehr sind, als „nur“ ein Mensch. Allein die Symbiose zwischen Mensch und Seele, also unsere wahre „Gestalt“, ist ein Wunder. Herauszufinden, dass wir dank unserer Seele mehr sind als „nur“ ein Mensch, ist ebenfalls ein Wunder. Aber das größte Wunder besteht uns noch bevor, nämlich die alten Denkmuster abzulegen und in vollkommener Harmonie mit uns und allen anderen Wesen auf der Erde zu leben.

In dem Moment, in dem wir begreifen, dass wir reinste Lichtwesen sind, die aus der Liebe gekommen sind, können wir gar nicht mehr anders als liebevoll miteinander umzugehen. Neid, Hass, Eifersucht, Gier, Arroganz, Intoleranz, Machtstreben, Armut, Reichtum – all das wird verschwinden, denn es wird keine Notwendigkeit mehr dafür geben. Wir werden zu einer vollkommen neuen Sichtweise kommen. Wir werden in Zukunft verstehen, dass wir alle nichts anderes als Reisegefährten sind. Reisegefährten, die seit Anbeginn der Reise unglaubliche Abenteuer zu bestehen hatten. Wir werden verstehen, dass unsere immerwährende Sehnsucht und Hoffnung nach zu Hause uns sämtliche Türen geöffnet hat. Jetzt müssen wir nur noch verstehen lernen, dass wir selbst uns eine neue Welt erschaffen können, eine Welt, in der wir unsere angeborenen Fähigkeiten zu nutzen wissen.

Wir müssen aufhören, als Mensch zu denken, und dazu müssen wir unseren mitgebrachten Koffer auspacken, denn in ihm liegt der ganze Reichtum.

Die Schätze des Koffers

Haben alle ihren Koffer gefunden?

Für diejenigen, die keinen Koffer entdecken können, keine Sorge, er zeigt sich schon noch zum richtigen Zeitpunkt. Und damit niemand zu ungeduldig wird, werfen wir jetzt trotzdem gemeinsam einen Blick hinein.

Was, er geht noch nicht auf? Oh, ich vergaß zu erwähnen, dass der Koffer sich nur öffnet, wenn wir unserem Bewusstsein erlaubt haben, sich auszudehnen, was gar nicht so schwer ist. Man muss nur seine bisherige Froschperspektive verlassen und sich alles von oben ansehen. Das verhilft zu einer völlig neuen Sichtweise, und einige Anregungen dazu habe ich vorgestellt. Aber das erweiterte Bewusstsein allein hilft uns noch lange nicht, mit unseren neuen Schätzen umzugehen. Das schafft nur die Liebe, und zwar die Liebe zu uns selbst!

Wer auf Grund meiner Zeilen zumindest eine Ahnung davon bekommen hat, was für Geschöpfe wir in Wahrheit sind, wird gar nicht anders können, als die Liebe zu sich selbst zu entdecken. Die (Eigen)-Liebe, die wir nun kennenlernen, hat nichts, aber auch gar nichts, mit Egoismus zu tun, sondern verhilft uns zu einer Wertschätzung von ungeahntem Ausmaß, denn wer sich selbst liebt, kann diese Liebe auch an andere weitergeben. Diese Liebe will sich nämlich ausdehnen. Sie hält nicht fest, klammert sich an nichts, sie ist einfach nur da und wird immer stärker.

So ist also das erste Geschenk, das wir aus dem Koffer hervorholen, die bedingungslose **Liebe.** Sie ist in Zukunft die Triebfeder für alles, was uns widerfährt. Und ich kann nur immer wieder staunen, wie perfekt doch alles **IST**, denn dass gerade die bedingungslose Liebe das erste Geschenk aus unserem Koffer ist, zeigt, wie wunderbar doch für uns gesorgt ist. Denn ohne diese wunderbare bedingungslose Liebe hätten wir vielleicht gar nicht den Mut, uns die anderen Geschenke auch nur anzusehen.

So strömt uns also als Erstes die Liebe entgegen und taucht uns, und natürlich auch alles andere, in ein anderes Licht. Sie sorgt dafür, dass wir anfangen, uns um uns selbst zu kümmern.

So viele Menschen haben ihren Koffer schon geöffnet und diese Liebe in Empfang genommen und plötzlich stellen sie fest, dass es Zeit wird, endlich einmal etwas für sich selbst zu tun. So suchen sie andere Menschen auf, die ihnen dabei helfen können, die Wunden, die ihnen das Leben zugefügt hat, zu heilen. Auch wenn es den meisten gar nicht bewusst ist, dass sie ihren Koffer geöffnet haben, ist es dennoch so. Jeder, der, wie aus heiterem Himmel, anfängt, nach Wegen zu suchen, sich selbst zu heilen, hält bereits das erste Geschenk des Koffers in seinen Händen.

Aus spiritueller Sicht sind wir immer HEIL. Es ist unser natürlicher Zustand, und diesen Zustand wollen wir nun, ob bewusst oder nicht, im Hier und Jetzt ebenfalls erreichen. Es ist uns einfach ein Bedürfnis, etwas für uns zu tun, und dazu gehört auch, uns zu heilen.

Alle, denen es ein Herzenswunsch ist, an sich selbst zu arbeiten, können sicher sein, dass sie auch an die richtigen Ansprechpartner geraten. Entspringt der Wunsch zur Heilung, weil es gerade Mode ist oder man mit Tante Helgas finanziellen Zuwendungen nichts Besseres anzufangen weiß, so gerät man oft an die schon aufgeführten, nicht sauber arbeitenden „Meister/Lehrer“. Es muss der tiefe, von Herzen kommende Wunsch nach Heilung dahinter stehen, denn wenn dieser Wunsch in unserem Verstand geboren wird, ist er zum Scheitern verurteilt.

Lassen wir also die Liebe in unser Leben und wenden wir uns mit ihrer Hilfe unserem Wesen zu. Sie wird uns schon sicher führen, wenn, ja, wenn da nicht unser Verstand wäre. Unser Verstand hatte von jeher das Sagen, und es ist sein Bestreben, die Oberhand zu behalten. Nicht, weil er uns damit ärgern will, sondern weil er es „gut“ mit uns meint. Er möchte einfach nicht, dass wir Wege beschreiten, die ihm unbekannt sind. Natürlich wird er uns nicht verraten, dass er vor lauter Angst neuerdings Windeln trägt, sondern er wird heftigst gegen alles protestieren, was er nicht kennt. Tausend Argumente werden ihm einfallen, warum wir uns nicht auf (in seinen Augen) unsicheres Terrain begeben sollen, denn er hat schlicht und einfach ANGST und zittert förmlich davor, arbeitslos zu werden. Wo soll er denn hin? Was kann er denn anderes als Ratschläge geben? Und wie stellt sich der Mensch denn die Zukunft bloß ohne ihn vor? Das kann doch gar nicht gut gehen. Das Chaos ist doch ohne ihn vorprogrammiert, oder etwa nicht?

Wenn wir uns in dieser Lage befinden, dürfen wir das zweite Geschenk aus unserem Koffer holen. Es ist, wie kann es anders sein – ein **Herz**.

Dieses Herz ist der Wohnort der Liebe, und es gehört dir. Es war schon immer deins und ist das Zuhause der Liebe. Wir werden uns wundern, wie groß dieses Herz ist und wie viele Kammern es hat. Und wenn wir es genau betrachten, stellen wir fest, dass uns eine ganz besonders schöne Kammer ins Auge fällt. An dieser Kammertür prangt nämlich ein wunderschönes goldenes, mit Ornamenten verziertes Schild mit der Aufschrift: „Büro von Miss **LIEBE** und Mister **VERSTAND“.**

Ihr werdet sofort wissen, was es mit diesem Büro auf sich hat. Immer, wenn ihr spürt, dass euer Verstand in Panik gerät, denn nichts anderes sind seine Einwürfe gegen all die wundervollen neuen Wege, die ihr gehen wollt, so schickt ihn in dieses Büro (nicht in die Wüste).

„Miss“ **Liebe** wird sich seiner annehmen und ihm seine Ängste nehmen. Sie wird ihm vor Augen führen, wie wichtig seine Tätigkeit für uns war und immer noch ist und wird ihn dahingehend beruhigen, dass er mit Sicherheit niemals arbeitslos wird, denn er wird nach wie vor gebraucht. Auch wird sie ihm sagen, dass er wirklich all die Jahre gute Arbeit geleistet hat (vielleicht bekommt er ja sogar noch einen Orden), und wie es denn jetzt mal mit Kürzertreten wäre. Früher oder später wird sie ihn mit ihrem Liebreiz vollkommen um den Finger wickeln.

Wenn er erst einmal Vertrauen zu „Miss“ Liebe gefasst hat, entsteht eine ungemein fruchtbare Zeit für uns, denn wenn Liebe und Verstand sich zusammentun, haben wir die perfekte Unterstützung, die wir brauchen. Immer öfter wird unser Verstand zurücktreten und der Liebe Platz machen: „Meine **LIEBE**, das ist ein Fall für sie." Aber ebenso oft wird er aus seinen Träumen (die sich natürlich um die LIEBE drehen) gerissen: „Kommen Sie schnell, Mister Verstand, Ihre Hilfe wird gerade gebraucht." Und so führen die beiden in Zukunft einträchtig und in Harmonie ihr Dasein.

Das Herz soll uns aber auch daran erinnern, dass wir nur mit dem Herzen gut sehen können. Wenn wir der Liebe erlauben, in unser Herz einzuziehen, und der Verstand sich ebenfalls der Liebe ergibt, werden wir feststellen, dass wir unsere Mitmenschen ganz anders erreichen, die Kommunikation von Herz zu Herz wird für uns zur Selbstverständlichkeit. Das ist das wahre Kommunikationsmittel zwischen Wesen, die aus dem Licht kommen. Herzen sind dazu da, um sich zu öffnen. Die Liebe braucht Raum, sie möchte nicht eingesperrt sein, sondern sich verbreiten und ausdehnen, denn von jeder ihrer Ausdehnungen kommt sie angefüllt mit neuer Liebe zurück. Wir werden also buchstäblich reicher.

Hat sich die Symbiose zwischen der **LIEBE** und dem **VERSTAND** gefestigt, dürfen wir einen Blick auf das dritte Geschenk in unserem Koffer werfen. Und es ist? Ein **KIND.**

Dieses Kind fordert uns auf zu spielen, denn jetzt ist die Zeit, mit allem zu spielen. Wir sind aber auch aufgefordert, praktisch vollkommen neu anzufangen, wie ein Kind auf Entdeckungsreise zu gehen und uns sowie die Möglichkeiten der Geistigen Welt auszuprobieren. Also ran! Spielt mit allem, was euch begegnet. Bestaunt es, hinterfragt es, habt Spaß daran.

Holt euch die vollkommen neuen Sichtweisen und schaut sie euch so unbefangen und unvoreingenommen an, wie es eben nur ein Kind kann, und wenn ihr ängstlich werden solltet oder euch nicht sicher seid, so fragt euer Herz. Die Liebe und auch der von der Liebe getragene Verstand werden euch die Sicherheit geben, die ihr sucht.

Es ist die Zeit des Spielens, der Leichtigkeit des Seins. Es ist auch die Zeit der Freude, der Freude über das Leben selbst. Kinder haben eine unbändige Lebensfreude. Auch dieses Kind. Es erinnert euch daran, sie euch zurückzuholen, denn es ist eine Freude, hinter das Geheimnis des Menschseins zu kommen. Alles darf erobert werden, und für alle Fragen gibt es eine Antwort.

Sucht die Liebe in eurem Herzen auf, denn der Liebe wird es nie zuviel, wenn ihr Fragen stellt, und auch der Verstand wird zu wunderbaren Antworten finden. Geht auf die Entdeckungsreise zu eurem wahren Wesen. Erinnert euch aber auch daran, dass alles seine Zeit braucht. Habt also Geduld mit euch, ihr werdet noch schnell genug erwachsen. Aber in der Zwischenzeit spielt mit allem, was euch begegnet, öffnet euer Herz und lasst euch von der Liebe leiten, denn sie ist der beste Ratgeber für alles, was ihr wissen wollt. Seid neugierig und offen für alles, was euch begegnet. Wenn ihr der Liebe gut zugehört habt, dann werdet ihr ganz selbstverständlich das Spielzeug anderer Kinder nicht mehr kaputtmachen.

Ihr werdet neugierig auf andere zugehen, weil ihr offen für alles seid und somit kein Platz mehr für Fanatismus oder jegliche Engstirnigkeit vorhanden ist. Höchstwahrscheinlich dürft ihr euch sogar das Spielzeug anderer Kinder ausleihen, und es wird euch sogar Spaß machen, damit spielen zu dürfen. Schön, spielt mit allem, was euch begegnet.

Nehmt die menschlichen Gegebenheiten nicht zu ernst, denn in Wahrheit gibt es keinen Grund, warum man, wie viele Menschen es tun, todernst durch das Leben laufen sollte. Leben und Ernsthaftigkeit passen nicht zusammen. Die Ernsthaftigkeit nimmt dem Leben jede Freude, und man sieht es an den verbissenen Gesichtern der Menschen, die sich zur Aufgabe gemacht haben, das Leben mit Ernst meistern zu wollen.

Wenn die Freude am Leben fehlt, dann agieren wir auf dem untersten Energielevel, was schlimmstenfalls zu Krankheiten führen kann. In weniger schwierigen Fällen werden wir oft nur als Spielverderber abgestempelt, was ebenfalls nicht dazu beiträgt, unseren Energielevel zu erhöhen. Also, holt euch den Spaß und die Freude zu euch herein, denn das ist die Botschaft des Kindes: Habt Freude an Allem-was-ist.

Wenn ihr nun gesegnet mit der Liebe des Herzens zu eurer Leichtigkeit des Seins gefunden habt (Kind), so wird es Zeit, sich dem vierten Geschenk zuzuwenden. Und dieses Geschenk ist ein **Spiegel**. Es ist der „Spiegel der Wahrheit“.

„Spieglein, Spieglein an der Wand,
wer ist die/der Schönste im ganzen Land?“

Wahrscheinlich seid ihr neugierig genug, um wenigstens einen Blick in diesen Spiegel zu werfen. Aber Vorsicht, beim ersten Blick in diesen Spiegel besteht Blendungsgefahr, denn in diesem Spiegel wird die Wahrheit über euch selbst offenbart, und ihr werdet es anfangs nicht glauben können, wie schön ihr seid.

„Das soll ich sein?“, werdet ihr fragen. „Dieses glanzvolle, strahlende Wesen bin ich?“ Das Wesen im Spiegel wird euch erfreut zunicken, und je nach Veranlagung werdet ihr den Spiegel vielleicht wieder in den Koffer packen oder ihn an einem Ehrenplatz aufhängen. Beides ist vollkommen in Ordnung. Wichtig ist nur, dass ihr wisst, einen Spiegel zu besitzen, in den ihr von Zeit zu Zeit einen Blick hineinwerfen könnt, um euch daran zu erinnern, wer ihr seid. Je öfter ihr aber in diesen Spiegel schaut, umso mehr wird euch bewusst werden, dass ihr wirklich und wahrhaftig göttliche Wesen seid.

Der Spiegel wäre kein Spiegel, wenn nicht ein besonderer Zauber darin läge. Immer wenn ihr Fragen habt, die selbst die Liebe oder euer Herz nicht beantworten kann, so fragt den Spiegel. Euer wahres Wesen hat für alles eine Antwort. Sie wird immer so kommen, dass wir damit auch umgehen können, denn unser wahres Wesen weiß, dass wir uns noch an diese neue Energie gewöhnen müssen. So haben wir quasi einen „sprechenden Spiegel“.

Und noch ein Zauber liegt in diesem Spiegel: Je mehr ihr in den Spiegel hineinschaut, je mehr ihr diesem wunderbaren Wesen Beachtung schenkt, umso mehr wird es mit euch verschmelzen. Und es wird der Tag kommen, an dem ihr einen Blick in diesen Spiegel werft, und die Lichtgestalt wird sich nicht mehr zeigen. Dann, liebe Leser, habt ihr eurer wahres Wesen zu euch eingeladen und es verinnerlicht. Ihr braucht nicht mehr zu suchen, ihr habt euch gefunden, und ihr werdet euch zum ersten Mal in eurem Leben vollkommen fühlen. Die Fragen nach dem „Warum“, „Weshalb“ und „Wo“ sind dann keine Fragen mehr.

Wenn wir unser wahres Wesen verinnerlicht haben, so sind wir auch verschmolzen mit Allem-was- ist. Wir haben keine Fragen mehr, da wir nun wissen, und aus diesem Wissen heraus bekommt unser Leben eine vollkommen andere Qualität: Die Qualität der Einheit mit Allem-was-ist.

Das Lichtwesen in uns wird nicht aufgeben, uns all die Möglichkeiten vor Augen zu führen, die wir haben. Wir sind Alles-was-ist, und Alles-was-ist sind wir. Folglich ist für uns nichts mehr unmöglich, und wir werden feststellen, dass wir allein Kraft unserer Gedanken heilen können.

Wir werden die Gedanken anderer unmerklich erahnen können, ohne uns dafür anzustrengen. Wir werden lange im voraus schon Ereignisse wissen, und wir werden das alte Wissen wieder in uns tragen.

Wir werden Krankheiten nicht mehr mit einer biochemischen Keule behandeln wollen, wir werden es mit Licht/ Liebe, Farben, Klängen und Magnetismus versuchen, und wir werden nur noch aus der Liebe handeln.

Wir werden diejenigen, die noch am Anfang dieser unglaublichen Reise als Mensch stehen, nicht mehr bekämpfen, sondern sie unterstützen, denn wir wissen ja nun, dass auch wir einmal „klein“ angefangen haben. Und wir wissen um unser gemeinsames Ziel.

Wir alle haben uns auf das Abenteuer Mensch eingelassen. Wir werden wissen, dass diejenigen, die immer noch Kriege inszenieren, vollkommen in der irdischen Materie gefangengenommen worden sind. Sie durchleben nur das, was wir schon hinter uns haben. Je mehr wir sie lehren, worum es wirklich geht, umso schneller können sie nachkommen. Wir sind alle nur auf den Weg nach Hause.

Unsere immerwährende Sehnsucht nach zu Hause hat uns die Sternentore geöffnet. Jetzt ist die Zeit der Heimkehr des verlorenen Sohnes, von der Jesus sprach. Nach und nach werden wir uns alle im Paradies wiedersehen. Und das wird ein Fest, das können wir uns bei aller Liebe nicht vorstellen. Aber das macht nichts, Überraschungen haben ja auch etwas für sich.

☆☆☆☆☆

Mensch bleiben

Nun habe ich all die wunderbaren Zusammenhänge und die Entwicklung des Lebens als Mensch beschrieben. Wir wissen, dass wir auf große Fahrt gegangen sind und sind uns nun dessen bewusst, was für wunderbare Wesen wir in Wirklichkeit sind. Das mag dazu führen, dass man gerade zu Beginn seiner spirituellen Entdeckungsreise anfängt, sich nur noch mit der Geistigen Welt zu beschäftigen und dem schnödem irdischen Mammon den Rücken kehrt. Ja, dass man sogar anfängt, das Menschsein und auch diejenigen, die noch nicht soweit sind, abzulehnen.

Ich kenne genug Menschen, die auf Grund ihrer erwachenden Spiritualität mit dem „gemeinen Fußvolk" nichts mehr zu tun haben wollen. „Also weißt du, es geht mir regelrecht auf die Nerven, wenn ich das hirnlose Gequatsche von ... höre, ich kann es einfach nicht ertragen. Und eigentlich möchte ich mit solchen Menschen auch nichts mehr zu tun haben." Dass nicht gleich gesagt wird: „Sie stören mich in meiner Heiligkeit", wundert mich dann schon.

Es ist vollkommen in Ordnung, wenn man sich in der ersten Zeit am liebsten nur mit spirituellen Themen beschäftigen möchte, schließlich gibt es ja auch eine Menge zu entdecken, aber es ist nicht in Ordnung, sich selbst einen Heiligenschein aufzudrücken und verzückten Blickes und hoch erhobenen Hauptes an den anderen vorbeizuschweben. Es gibt nämlich kein Besser oder Schlechter.

Niemand ist besser als der andere. Jeder ist genau dort, wo er sein soll, nämlich auf seinem ureigenen Entwicklungsstand. Und gerade diese Tatsache macht das Leben ja so spannend und unterhaltsam. Diejenigen, die noch nicht so „weit“ wie wir sind, erinnern uns nur daran, wie wir selbst vor einigen Leben noch waren, und genau das mögen viele nicht. Sie möchten nicht daran erinnert werden, dass auch sie einmal anderen die Ohren mit vermeintlich sinnlosem Gerede zugetextet haben. Es ist ihnen peinlich, und von daher lehnen sie die „unteren Klassen“ ab. Das ist alles.

Es gibt aber keinen Grund dafür, dass uns irgend etwas peinlich sein muss. Wir sind hier auf einem wunderbaren Planeten: auf Mutter Erde. Sie ist unsere Spielwiese, und auf ihr dürfen wir ungehemmt alle Entwicklungen in unserer Zeit und in unserem Rhythmus durchleben. Sie heißt jeden von uns mit der gleichen Liebe willkommen. Und was Mutter Erde kann, das können wir doch auch. Heißen wir jeden Menschen, der uns begegnet, willkommen. Denn, ob wir es glauben oder nicht, jeder Mensch, der uns begegnet, hat eine Botschaft für uns, und sei es nur die, dass wir uns ihm zuwenden sollen. Gehen wir mit jedem achtsam und respektvoll um, ganz gleich, wie sein Entwicklungsstand ist.

Wer die Nase zu hoch trägt, muss damit rechnen, über irgendetwas zu stolpern. Und wer meint, dass er die vermeintlich „Kleinen“ mal eben „übers Ohr hauen kann“, der wird ebenfalls früher oder später die Rechung dafür bezahlen müssen. Da kennt die Geistige Welt kein Pardon, denn sie lässt sich auf Dauer nicht missbrauchen. Also, bitte, bleibt auf dem Teppich, denn noch sind wir an Mutter Erde gebunden, und noch sind wir Menschen!

Einige werden zu dem Schluss kommen, dass es nicht mehr angebracht ist, Fleisch zu essen (die armen Tiere), oder sie verkneifen sich ihr geliebtes Gläschen Wein vor dem Schlafengehen, werden ab sofort zum Nichtraucher und achten darauf, dass sie nur noch Bioprodukte zu sich nehmen. Wenn all diese Veränderungen aus dem Herzen kommen, so ist dies sicherlich der richtige Weg. Tut man dies aber, weil man denkt, es gehöre zu einem spirituellen Leben, so nimmt man sich im Grunde genommen alles, was zur Lebensfreude beiträgt. Bei aller Spiritualität, wir sind immer noch Menschen.

Die Tiere haben sich dafür entschieden, uns als Lebensmittel zur Verfügung zu stehen. Nur sollten wir sie dafür besser behandeln! Kein Fleisch mehr zu essen erspart den anderen Tieren doch nicht das unsägliche Leid, das sie ertragen müssen. Setzen wir uns doch lieber dafür ein, dass diese wunderbaren Geschöpfe ein schönes, artgerechtes Leben haben und stressfrei sterben dürfen, als uns selbstgefällig auf die Schultern zu klopfen und zu sagen: „Ich esse ja kein Fleisch mehr!“

Auch darf man als spiritueller Mensch ein Gläschen Wein trinken. Wer nicht jeden Abend ins Bett torkelt und den nächsten Tag braucht, um sich wieder herzustellen, der darf natürlich auch mal ein Glas Wein in netter Runde genießen. Es sei denn, man lehnt dies aus innerer Überzeugung ab, dann ist es in Ordnung.

Ansonsten gilt: Alle Dinge, die wir zur Verfügung haben, sind weiterhin für uns da. Wir dürfen sie genießen und sollten dies auch tun. Wenn wir all den weltlichen Dingen entsagen wollen, dann sollten wir konsequenterweise in ein Kloster gehen. Das ist der richtige Ort, um so entsagungsvoll zu leben.

Das gleiche gilt für die Sexualität. Wir sind nun einmal mit zwei Geschlechtern gesegnet, warum also nicht Gefallen aneinander finden? Es wäre doch schade, wenn wir einander nicht mehr genießen würden, denn die Sexualität verhilft uns ebenfalls zu einer Energieanhebung, wenn wir in Liebe zu einander finden. Ohne die dazugehörige Liebe in unserem Herzen hinterlassen sogenannte „One-Night-Stands" oder Besuche in den extra dafür eingerichteten Straßenzügen oder Häusern in der Regel nur einen fahlen Nachgeschmack. Das kann auch gar nicht anders sein, da wir unter solchen Voraussetzungen einen anderen Menschen nur benutzen. Warum uns also selbst in die Situation eines Energieabfalls begeben? Kurz und gut, bei aller Spiritualität gilt: Immer schön Mensch bleiben.

Wenn wir unser spirituelles Wesen mit dem Menschsein verknüpfen, haben wir eine neue Art der Lebensform erschaffen, die unserem Dasein eine völlig neue Sichtweise beschert.

Wir wissen um unseren Zauber, und auch um den des anderen.

Wir werden die Welt und das menschliche Leben als das begreifen, was es ist: eine wunderbare Sache und ein Schulungsort für alle Klassen.

Wir begreifen, dass die Geistige Welt und wir unmittelbar miteinander verknüpft sind. Dass alles, was wir tun, auch Auswirkungen auf Alles-was-ist hat. Schließlich hat uns unsere Sehnsucht nach zu Hause im HIER und JETZT die Sternentore geöffnet.

Wir wissen, dass wir Lichtwesen sind, und werden uns und auch die anderen in Zukunft so behandeln, denn wir können nicht mehr tatenlos zusehen, wenn es unseren Gefährten schlecht geht, denn sie sind ebenfalls Lichtwesen, und dessen sind wir uns bewusst. Es ist unser Geburtsrecht, im Einklang mit Allem-was-ist zu leben. Von daher werden wir in Zukunft alles daran setzen, dass eine gerechte Ausgewogenheit auf der Erde zu finden sein wird, es ist nämlich genug für alle da.

Je mehr wir uns unseres inneren Reichtums bewusst werden, umso mehr wird er auch im Außen auf uns zukommen. Wir werden uns unserer eigenen Verantwortung bewusst sein und aufhören, wie die Schafe hinter einem Hirten herzulaufen. Gibt es Probleme, egal, in welcher Form, werden wir nach angemessenen Lösungen suchen.

Wir wissen um die Macht unserer Gedanken und erfahren auf diese Weise, dass wir tatsächlich Schöpfer sind. Getragen von unserer neuen Gelassenheit gibt es nichts mehr, was uns umhauen könnte. Wir erkennen, dass wir nur Erfahrungen machen und für alles, was uns begegnet, auch immer Lösungen zu finden sind.

Wir werden wissen, dass wir uns alle auf einer langen Reise befinden und nun dabei sind, die Heimreise anzutreten. Letztendlich erschaffen wir mit unserem neuen Bewusstsein eine neue Welt, denn wir werden in Zukunft mit dem vollen Bewusstsein über unser wahres Wesen auf dieser Erde wandeln. Wenn wir so wollen, holen wir damit den Himmel auf die Erde. Wir sind die Pioniere des Neuen, des Goldenen Zeitalters, und je mehr Menschen auf uns aufmerksam werden, umso besser.

Geben wir allen Lichtwesen, die uns begegnen, die Chance, es uns nachzutun, was natürlich nur geht, wenn wir Mensch bleiben. Schweben wir auf Wolke sieben, sind wir viel zu weit von unseren Reisegefährten entfernt. Wir können sie nicht erreichen und sie uns nicht. Folglich muss mein Schlusssatz heißen:

„Trotz all der herrlichen neuen Denk- und Sichtweisen, trotz all der ungeahnten neuen Möglichkeiten, die sich uns auftun, gilt die Regel: **Immer schön Mensch bleiben.“**

☆☆☆☆☆

Nachwort

Ihr, liebe Leserinnen und Leser, habt nun ergründet, wie das Zusammenspiel Mensch und Seele funktioniert, ihr seid den unterschiedlichen Bewusststeinsstufen auf den Grund gegangen und habt erfahren, wie wir uns unseren Kindern gegenüber verhalten sollten. Ferner wisst ihr nun, dass eine veränderte Geisteshaltung für ein leichteres Leben sorgen kann, und ihr habt eine leise Ahnung davon, wie man wirklich mit dem Wunderwerk Mensch umgehen sollte.

Krankheiten können auch energetisch geheilt oder wenigstens zum Teil verhindert werden, wenn man den Rhythmus der Tierkreiszeichen in seinem Leben und Tagesablauf berücksichtigt, was zwangsläufig zu einem Umdenken führen muss. Dies wiederum führt dazu, dass man sich für eine neue Entstehungsgeschichte der Menschheit öffnet und auch andere Variationen zulassen kann als die überlieferten.

Ihr seid hinter das Geheimnis der neuen Zeitqualität gekommen und wisst nun, dass alles Energie ist. Das verhilft zu der Erkenntnis, dass wir uns unsere Gesundheit energetisch erhalten oder wiederherstellen können, was zu einer großen Gelassenheit führt. Ihr werdet anfangen, euch selbst den richtigen Wert beizumessen und dadurch in die Leichtigkeit des Seins geführt. Mit all diesem Wissen wird sich euch zwangsläufig eine neue Welt erschließen.

Ein wichtiges Thema war auch der Schlaf, der Tod und das Sterben, und ich hoffe, dass dieses Thema seinen

Schrecken verloren hat, denn ihr wisst nun auch, wie man mit Trauer umgehen sollte, und habt erfahren, dass himmlische Helfer an eurer Seite stehen. Diese Entdeckung führt zwangsläufig zur eigenen inneren Wahrheit, und auf der Suche nach ihr fallen euch wunderbare Erkenntnisse zu. Eine dieser wunderbaren Erkenntnisse ist es, seinen Koffer nebst seinem Inhalt zu entdecken.

Aber die schönste Erfahrung, die wir machen können, ist die, ein Mensch zu sein. Genießt es mit all seinen Möglichkeiten und vergesst niemals, dass ihr göttliche Lichtwesen seid, die sich nur maskiert haben. Vergesst auch nie, dass ihr euch dafür gemeldet habt, Mensch sein zu wollen. Und erinnert euch in schlechten Zeiten daran: Ihr selbst habt euren Lebensplan entworfen. Wenn ihr einst wieder zurückkehrt, werdet ihr das volle Ausmaß erkennen.

Um zu erkennen, dass ihr für alles selbst verantwortlich seid, braucht ihr nicht mehr zu warten, bis ihr in eure Heimat zurückkehrt, ihr wisst es jetzt schon. Zwangsläufig werdet ihr nie mehr jemand anderem die Schuld zuweisen wollen.

Zum Abschluss habe ich noch ein paar tröstende Worte für alle diejenigen, die in ihrem Leben so was wie Achterbahn fahren.

Unendlich viele Lichtarbeiter haben ein schicksalsgeprüftes Leben hinter sich oder stecken noch mittendrin. Ihr Lieben, verzweifelt nicht, denn es gibt einen einfachen Grund dafür:

Ihr seid alle dabei, das Inkarnationsrad zu beenden. Und weil das so ist, habt ihr alle Erfahrungen, die ihr euch ursprünglich für spätere Leben aufgehoben hattet, weil ihr sie aus verschiedenen Gründen noch nicht machen wolltet, in dieses Leben hineingeschrieben.

Viele von euch fragen sich, wieso sie all diese Schicksalsschläge ertragen müssen. Jetzt wisst ihr es.

Dieses Leben schenkt euch die Chance, für immer in eurer wahren Heimat bleiben zu dürfen. Geht also, mit diesem tröstenden Wissen, gelassen mit allem um, was sich euch zeigt, denn ihr wisst nun, dass der wahre Grund für alle Schicksalsschläge in der Erlösung liegt. Danach seid ihr frei. Für immer.

Es sei denn, ihr wollt freiwillig auf die Erde zurück, um anderen Lichtwesen beizustehen, aber das dürft ihr, wie alles, frei entscheiden.

So oder so möchte ich euch alle nun herzlich umarmen.

Danke, dass ihr mir eure Aufmerksamkeit geschenkt habt!

Herzlichst,
Hanne Reinhardt

Laura Bootsch

Gegen den Sturm

Mein Weg als Indigokind

296 Seiten, broschiert

ISBN 978-3-938489-40-6

Begriffe wie Indigokinder, Kinder des Lichts, Sternenkinder oder Kinder der Neuen Zeit sind mittlerweile nichts Neues mehr, und so war es nur noch eine Frage der Zeit, bis sich ein Indigokind selbst zu Wort meldet (und keine Wissenschaftler, Pädagogen oder Psychologen).

Die Autorin beschreibt ihren Weg und geht auf Themen ein wie Positives Denken, Christus-Bewusstsein, die Umwandlung der Angst in Liebe und erzählt von einem bewusstseinsverändernden Erlebnis, das bei ihr keinen Zweifel mehr an der göttlichen Existenz zulässt.

Dagmar Angeli

Auf himmlischen Schwingen

Die kleine Engelschule

ca. 96 Seiten, gebunden, vierfarbig, mit Leseband

ISBN 978-3-938489-37-6

Gar nicht abgehoben und in einer einfachen, direkten Sprache wenden sich die Engel in ihrer liebevollen Art an Menschen jeden Alters, an Seelen auf jeder Stufe ihrer Entwicklung.

Durch den persönlichen Filter der Autorin äußern sich die Energien der „Höheren Ebenen" in praktischen, berührenden Worten, Bildern und Beispielen. Offenheit und spontaner Ausdruck sind die Eingangspforten zur Welt der Engel, die immer um uns ist und sich sofort erschließt, wenn wir uns ihr erwartungsvoll und vorurteilslos zuwenden.

Pia Feller

Wir Engel der Neuen Zeit

Kartenset mit 49 Karten

ISBN 978-3-938489-38-3

Wir Engel der Neuen Zeit ist ein Kartenset mit 49 Karten, die Botschaften für die Neue Zeit enthalten. Lassen Sie sich begleiten von den Engeln der Großartigkeit, den Engeln der Abgrenzung, den Engeln der Ahnenreinigung, den Engeln des Familienkarmas, den Engeln der Partnerschaft, den Engeln der Wertschätzung, die unseren Alltag bereichern, den Engeln des Lichts, die uns mit lichtvollen Energien in unseren materiellen Angelegenheiten unterstützen, den Feuerengeln, die mit ihrer kraftvollen Energie unsere Häuser von Störfeldern reinigen, den Engeln des Mutes, die uns immer wieder helfen, unsere Ziele zu verwirklichen, einem Aura-Engel, der in der Vielfalt seiner Farben prächtig unsere Gemüter erhellt, und vielen anderen, wundervollen Engeln.

Neu bei Smaragd: CDs von und mit unseren AutorInnen

Claire Avalon
Die 12 göttlichen Strahlen
Blauer Strahl El Morya (CD)
ISBN 978-3-938489-47-5

Diese Meditation führt uns in den Lichttempel des Aufgestiegenen Meisters El Morya in Darjeeling (Indien). Dort erhalten wir seinen Rat, wenn es um göttlichen Willen, Selbstvertrauen, Zielsetzung, Schutz, positive Macht und Mut geht, und können Einblick in unsere feinstofflichen Lebensbücher nehmen, um zu erkennen, wo unsere Blockaden und karmischen Hintergründe für unser jetziges Leben zu finden sind.
Gehen Sie mit auf die Reise nach Darjeeling, tanken Sie Energie und gewinnen Sie einen Eindruck dieses mächtigen und dennoch liebevollen Meisters.

Margit Steiner
Meisterarbeit aus Lemurien (CD)
ISBN 978-3-938489-48-2

Die CD zum gleichnamigen Buch der Autorin lässt uns die Energien dieser wundervollen Arbeit spüren. In der Meditation entstehen die Symbole RahKi, MaRoy und Lah.
Anschließend erfolgen Einweihungen in Grundlevel und Erdheilungsarbeit sowie die Anbindung an das Christusgitter – eine wunderbare Unterstützung unserer Arbeit mit den Symbolen aus Lemurien und unseres Kontakts zur Geistigen Welt.
Lassen Sie sich ein auf die einfühlsamen Worte und genießen Sie!

Ava Minatti
Engelmeditationen (CD)
ISBN 978-3-938489-49-9

Ausgewählte Meditationen führen in eine tiefe Begegnung mit den Engeln, die um und mit uns sind und bereits darauf warten, mit uns in einen bewussten Kontakt zu treten. Die sanfte Stimme von Ava Minatti hilft uns zu entspannen und unser Herz zu weiten, und uns so dem Licht und der Liebe der Engel hinzugeben.
Nach vielen Anfragen, ist sie endlich da! Eine CD als wunderbare Ergänzung zu dem Erfolgstitel Engel helfen heilen.
...Nun mache es dir bitte bequem, atme einige Male tief ein und aus und lausche der Botschaft der Engel, die dich berühren möchten...